파이팅
기초 축구 마스터

일신서적출판사

Soccer

Soccer

Soccer

# 이 책을 읽는 여러분에게

여러분의 꿈은 무엇인가요?

"마라도나처럼 되고 싶다.", "플라티니처럼 플레이하고 싶다." 아마도 이러한 꿈들을 가지고 있는 것은 아닐까요?

축구를 더 잘하고 싶다고 생각하는 사람은 자기가 지금 간직하고 있는 꿈을 소중히 키워나가 주기를 바랍니다.

'꿈'을 다른 말로 바꾸면 '노력하여 달성하려는 목표'라고 생각합니다. 이러한 '꿈', 즉 목표를 계속 간직하는 것이야말로 축구를 잘할 수 있게 되는 최고의 비결입니다.

플레이가 잘되지 않거나, 실력이 더 늘지 않아 고민일 때, 자기의 꿈을 간단히 포기하는 사람이 있습니다. 참으로 애석한 일입니다. 사람에게 목표가 없으면 꾸준하고 성실하게 노력하기가 힘든 것이 사실입니다. 이러한 때일수록 자기의 꿈을 소중히 해야 하는 것입니다.

이것을 여러분에게 부탁하고 싶습니다.

1987년 편자 씀

차 례

머리말 / 1

제1장 축구는 월드 스포츠 / 7
축구는 전세계적으로 가장 인기 있는 스포츠이다 / 8
축구를 통해 세계로! / 10
세계인의 축제 월드컵! / 12
월드 컵이 탄생시킨 슈퍼스타들 / 14
- Soccer Photograph   • 축구 상식 ······················ 16

제2장 축구 선수가 가져야 할 마음 자세 / 17
뛰어난 선수가 되기 위해서는 / 18
연습과 반성, 그리고 새로운 목표 / 20
일류 선수일수록 다른 사람의 조언을 잘 듣는다 / 22
뛰어난 선수가 되려면 지기 싫어하는 마음도 필요하다 / 24
- Soccer Photograph   • 축구 상식 ······················ 26

제3장 볼 컨트롤을 향상시키는 놀이 / 27
자유롭게 볼을 차 보자 / 28
볼 리프팅과 축구 테니스 / 30
놀이를 통해 볼 컨트롤을 향상시킨다 ① / 32
놀이를 통해 볼 컨트롤을 향상시킨다 ② / 34
- Soccer Photograph   • 축구 상식 ······················ 36

제4장 축구 선수에게 필요한 능력 / 37
축구의 기초 기술을 배워 보자 / 38

체력이 강해야 경기를 할 수 있다 / 40
전술이 있어야 기술이 산다 / 42
중요한 시합일수록 정신력이 승패를 결정한다 / 44
  • **Soccer Photograph**   • 축구 상식 〃〃〃〃〃〃〃〃〃〃 46

제5장 킥은 축구의 생명 / 47

킥(Kick)의 종류를 알아보자 / 48
인스텝 킥을 하는 방법 / 50
인스텝 킥의 연습법 / 54
점프 발리 킥(Jump Volley Kick)과 오버헤드 킥(Overhead Kick) / 56
인프런트 킥(Infront Kick)을 하는 방법 / 58
아웃프런트 킥(Outfront Kick)을 하는 방법 / 62
인사이드 킥(Inside Kick)을 하는 방법 / 64
아웃사이드 킥(Outside Kick)을 하는 방법 / 66
인사이드 킥과 아웃사이드 킥의 연습법 / 68
토 킥(Toe Kick)을 하는 방법 / 70
힐 킥(Heel Kick)을 하는 방법 / 72
  • **Soccer Photograph**   • 축구 상식 〃〃〃〃〃〃〃〃〃〃 74

제6장 축구를 활기차게 만들어 주는 헤딩 / 75

헤딩(Heading)의 특징과 방법을 배워 보자 / 76
볼을 바운드시키는 헤딩 / 78
볼을 멀리 보내는 헤딩 / 82
볼의 방향을 좌우로 바꾸는 헤딩 / 84

차 례

볼의 방향을 바꾸는 헤딩의 연습법 / 86
볼을 뒤로 보내는 헤딩 / 88
몸을 날려서 하는 다이빙 헤딩(Diving Heading) / 90
• **Soccer Photograph**　• 축구 상식 ⋯⋯⋯⋯⋯⋯ 92

제7장 다음 플레이를 위한 볼의 정지법 / 93
트래핑(Trapping)과 스토핑(Stopping)을 배우자 / 94
트래핑과 스토핑은 몸의 정면에서 한다 / 96
트래핑과 스토핑의 방법 ① / 98
트래핑과 스토핑의 방법 ② / 100
트래핑과 스토핑의 연습법 / 102
• **Soccer Photograph**　• 축구 상식 ⋯⋯⋯⋯⋯⋯ 104

제8장 상대를 돌파하는 드리블과 페인트 / 105
자기편에게 유리한 드리블(Dribble)을 하자 / 106
상대방 진영을 돌파하는 드리블 방법 / 108
드리블에 페인트(Peint)를 섞어서 돌파한다 / 110
상대방과 볼 사이에 몸을 넣어라 / 112
드리블의 연습법 / 116
• **Soccer Photograph**　• 축구 상식 ⋯⋯⋯⋯⋯⋯ 118

제9장 상대의 볼을 빼앗는 태클과 숄더 차지 / 119
태클(Tackle)은 볼에 정확히 한다 / 120
스탠딩 태클(Standing Tackle)을 배워 보자 / 122
슬라이딩 태클(Sliding Tackle)을 배워 보자 / 124

슬라이딩으로 인터셉트(Intercept)와 패스를 해 보자 / 126
숄더 차지(Shoulder Charge)와 파울 차지(Foul Charge) / 128
- **Soccer Photograph**   • 축구 상식 ////////////////// 130

제10장 올바른 스로인 방법을 배우자 / 131
올바른 스로인(Throw-in)과 파울 스로(Foul Throw) / 132
스로인의 연습법 / 136
- **Soccer Photograph**   • 축구 상식 ////////////////// 138

제11장 골키퍼의 기술을 배우자 / 139
골키퍼의 기본 기술 / 140
캐칭(Catching)-볼은 항상 몸 정면에서 잡는다 / 142
세이빙(Saving)은 착지 방법이 중요하다 / 144
펀칭(Punching)은 치는 타이밍(Timing)이 중요 / 146
볼을 골문 뒤로 넘기는 디플렉팅 / 148
골키퍼의 스로잉(Throwing)은 공격의 제1보 / 150
골키퍼의 킥 - 펀트 킥(Punt Kick)과 드롭 킥(Drop Kick) / 152
슛을 막는 연습을 해 보자 / 154
- **Soccer Photograph**   • 축구 상식 ////////////////// 156

제12장 경기 규칙을 배워 보자 / 157
경기장의 크기와 각종 라인(Line)의 이름을 알자 / 158
골문과 볼의 규격을 알자 / 160
선수의 숫자와 복장 / 162
경기 시간과 킥오프(Kickoff) / 164

차 례

인 플레이(In Play), 아웃 오브 플레이(Out of Play) 그리고 골(Goal) / 166
오프 사이드(Off side)란? / 168
오프 사이드 반칙이 아닌 경우 / 170
난폭하거나 위험한 동작은 금지 / 172
 • Soccer Photograph • 축구 상식 ////////////// 176

제13장 포지션(Position)별 플레이를 배워 보자 / 177

시스템(System)이란? / 178
윙(Wing)을 수비하는 사이드 백(Side Back) / 180
센터 포워드(Center Forward)를 수비하는 스토퍼(Stopper) / 182
수비의 중심인 스위퍼(Sweeper) / 184
대인 방어에 뛰어난 수비형 미드 필더(Defensive Half) / 186
공격은 게임 메이커(Game Maker)로부터 시작된다 / 188
제2의 스트라이커-공격형 미드 필더(Offensive Half) / 190
빠른 발과 능숙한 드리블-윙(Wing) / 192
득점을 결정 짓는 포워드(Forward) / 194
가장 중요한 팀워크(Teamwork) / 196
 • Soccer Photograph • 축구 상식 ////////////// 198

제14장 세트 플레이로 득점을 노리자 / 199

코너 킥(Corner Kick)의 네 가지 방법 / 200
프리 킥(Free Kick)에서의 여러 가지 전술 / 202
페널티 킥은 자신감을 가지고 찬다 / 204
스로인으로 득점 기회를 만들자 / 206
부록 • 축구의 역사 • 경기규칙 • 용어해설

축구는 월드 스포츠

축구는 전세계적으로 가장 인기있는 스포츠이다 / 8
축구를 통해 세계로! / 10
세계인의 축제 월드 컵! / 12
월드 컵이 탄생시킨 슈퍼스타들 / 14
• Soccer Photograph   • 축구 상식 / 16

Part 1 축구는 월드 스포츠

축구는 전세계적으로 가장 인기있는 스포츠이다

축구를 하지 않는 나라는 거의 없을 정도로 전세계에서 가장 인기가 있는 스포츠가 바로 축구입니다.

세계 축구의 중심이 되어 활동하고 있는 국제축구연맹(약칭하여 FIFA라고 함)에는 190개국 이상이 가맹되어 있으며, 현재 FIFA는 세계에서 가장 큰 조직으로 알려져 있습니다.

FIFA에 가맹되어 있는 나라의 인구를 합하면 약 42억 명이 되는데, 이 중 약 5,300만 명이 각 나라 축구협회에 선수로 등록되어 있습니다. 물론 선수로 등록하지 않고 빈터나 공원, 광장 등에서 축구를 즐기는 사람들도 많이 있으므로, 축구를 직접 하는 인구는 거기에 4배, 5배가 더 될 것입니다.

우리나라에서도 축구의 인기가 대단히 높지만 축구의 본고장인 유럽이나 남미의 여러 나라에서는 우리들의 상상을 초월하는 인기를 누리고 있습니다.

축구라는 스포츠는 사람들을 열광시키는 묘한 매력을 가지고 있습니다.

▲ 제13회 멕시코 월드컵(1986년)에서의 화려한 응원 모습.

▲ 축구는 스포츠의 왕이다!

Part 1 축구는 월드 스포츠

축구를 통해 세계로!

　우리들은 축구를 한 덕택에 세계의 여러 나라를 구경할 수 있었습니다. 유럽에서는 독일, 프랑스, 루마니아, 구(舊) 유고슬라비아, 스위스, 스페인, 벨기에, 네덜란드, 영국의 9개국을 순방하였습니다.
　아시아에서는 중국, 대만, 브루나이, 말레이시아, 인도네시아, 싱가포르, 태국, 인도 등을 순방하였습니다. 또 그 밖에 미국이나 뉴질랜드에도 가 볼 수 있었습니다.
　물론, 이러한 나라에는 축구 시합이나 훈련을 위해 갔던 것이었지만, 자유 시간에는 그 나라의 국민들과 이야기를 하거나 유명한 역사적 유적을 구경할 수 있었으므로, 축구 이외에 다른 분야에서도

▲ 저자의 현역 시절 경기 모습

▲ 축구를 한 덕택으로 세계의 여러 나라를 구경할 수 있었다.

공부를 하는 경우가 많이 있었습니다. 평상시에는 책이나 TV로밖에 볼 수 없는 외국의 모습을 직접 볼 수 있었던 것은 바로 축구를 한 덕분이었습니다.

국가 대표 선수가 되지 않으면 좀처럼 해외로 나갈 기회는 없으나, 열심히 노력하면 대표 선수가 되어 여러 나라를 가 볼 수도 있는 것입니다.

일본의 유명한 스트라이커였던 가마모토 선수가 축구를 시작한 동기도 바로 "축구를 하면 세계 여러 나라에 갈 수 있다"는 것이었습니다.

여러분도 이러한 꿈을 가지고 열심히 노력하시기 바랍니다.

Part 1 soccer
축구는 월드 스포츠

세계인의 축제 월드컵!

전세계 사람들을 열광시키는 축구의 중심은 뭐니뭐니해도 4년마다 열리는 세계선수권대회(월드 컵)입니다. 이 대회는 1930년 우루과이에서 열린 제1회 대회부터 1994년의 미국 대회까지 모두 15번 열렸는데 대부분의 국가 대표 팀이 프로 팀 선수들로 이루어져 있어서 매 대회 때마다 세계 제일을 결정하는 경기 답게 참가 팀 모두가 높은 수준의 기량과 실력을 보여주고 있습니다. 세계의 축구는 이 월드 컵을 중심으로 진보, 발전해 왔다고 해도 과언이 아닐 것입니다.

월드 컵 대회는 출전 선수의 연령에 제한이 없지만 이 밖에도 선수 나이에 제한을 두는 세계선수권대회가 있습

▲ 월드 컵 우승팀에게 수여하는 트로피!(FIFA CUP)

▲ 월드 컵 경기를 보기 위해 경기장에 몰려든 많은 관중들

니다. 하나는 올림픽에서의 축구로 국제축구연맹은 이 대회에서 23세 미만 선수로 나이를 제한하고 있습니다.

또 20세 미만 선수의 대회로는 월드 유스대회, 16세 미만 선수의 대회로는 월드 주니어 유스대회가 열려 각각의 연령층에서 보여 줄 수 있는 가장 수준 높은 경기를 펼치고 있습니다.

Part 1 축구는 월드 스포츠

월드 컵이 탄생시킨 슈퍼스타들

월드 컵은 지금까지 수많은 명승부, 명선수를 탄생시켜 왔습니다. 내가 축구를 시작한 무렵에는 마침 1970년의 멕시코 월드 컵이 열리고 있던 때인데, 여기서 우승한 브라질 팀의 경기, 특히 '펠레'의 경기에 감동하여 펠레와 같은 선수가 되고 싶은 꿈을 키웠던 것입니다.

이처럼 각국의 많은 청소년들이 축구를 통해 꿈과 희망을 키워 가고 있으며, 이러한 점 때문에 축구가 인류에게 공헌하는 스포츠라고 말할 수 있는 것입니다.

제9회 멕시코 대회 이후, 월드 컵 대회가 탄생시킨 슈퍼스타를 알아 봅시다.

▲ 제9회 = 펠레   ▲ 제10회 = 크라이프

▲ 제10회 = 베켄바우어

▲ 제11회 = 켐페스

▲ 제12회 = 로시

▲ 제13회 = 마라도나

Soccer Photograph ①

● 베켄바우어
완벽한 리베로였던 그는 내가 가장 동경하던 선수였다.
그의 유니폼은 나의 보물 제1호.

■ 축구 상식 ①

고대 중국의 축국(蹴鞠)

현재 우리가 즐기고 있는 축구의 기원은 고대 중국에서 병사의 훈련에 사용되고 있던 축국이라는, 볼을 차는 경기라고 합니다.

그 당시의 규칙은 명확하게 알 수 없으나 일정한 넓이의 경기장에서 했던 것으로 생각됩니다.

축구 선수가 가져야 할 마음 자세

뛰어난 선수가 되기 위해서는 / 18
연습과 반성 그리고 새로운 목표 / 20
일류 선수일수록 다른 사람의 조언을 잘 듣는다 / 22
뛰어난 선수가 되려면 지기 싫어하는 마음도 필요하다 / 24
・Soccer Photograph　・축구 상식 / 26

Part 2 축구 선수가 가져야 할 마음 자세

뛰어난 선수가 되기 위해서는

브라질의 펠레, 독일의 베켄바우어, 프랑스의 플라티니, 아르헨티나의 마라도나 등 세계의 축구계에는 수많은 슈퍼스타가 탄생하여 멋진 플레이로 팬들을 즐겁게 해 주었습니다. 그 선수들은 어떻게 해서 그토록 잘하게 되었을까요.

그 선수들은 보통 사람과는 다른 특별한 재능을 타고났기 때문에 잘하는 것이다, 즉 천부적 소질이 있었기 때문에 슈퍼스타가 된 것이라는 말을 흔히 듣습니다. 그러나, 과연 그것이 옳은 말일까요.

그러한 말을 하는 사람들은 그들의 피나는 노력을 무시하는 것 같다는 생각이 듭니다. 그 증거로 펠레나 베켄바우어의 자서전을 읽어 보면 그들이 사람들에게 알려지지 않은, 얼마나 많은 노력을 하였는지를 잘 알 수 있습니다.

그들은 분명히 천부적 재능을 타고난 선수였을지도 모릅니다. 하지만 그 재능을 실력으로 바꾼 것은 매일 매일의 끊임없는 노력이었음을 말해 주고 있습니다. 다른 사람보다 더 깊이 연구를 하고 그리고 더 많은 연습을 꾸준히 계속하였기 때문에

▲ 재능을 바꾸는 것이 노력이다!

▲ 플라티니의 화려하고 아름다운 플레이도 피나는 노력의 결과였다.

그만큼 잘하게 되었던 것입니다.

발명왕이라고 일컬어지는 에디슨도 "천재는 1% 영감과 99%의 노력으로 이루어진다"라고 말하고 있습니다. 지금까지 세상에는 천재라고 불린 사람들이 많이 있었으나, 그들은 모두 '노력하는 천재'였던 것입니다.

'뛰어난 선수가 되고 싶다'는 첫마음을 잊지 않고 열심히 노력하는 사람이 결국에는 가장 잘하게 되는 것입니다.

연습과 반성, 그리고 새로운 목표

　초일류 선수가 되려면, 먼저 자기의 목표를 확실히 정하는 것이 중요합니다. 자기는 어떤 선수가 되고 싶은가, 어떠한 기술을 익히고 싶은가 등을 자기가 먼저 결정하는 것입니다. 목표가 없으면 구체적인 노력을 할 수 없기 때문입니다.

　목표를 정하면 다음에는 연습입니다. 그 연습도 자기 나름대로 연구하고, 즐거운 마음으로 계속해야 합니다. 감독이나 코치가 시키는 것을 묵묵히 반복만 하고 있어서는 연습의 효과가 없습니다. 이 연습에서는 어디가 포인트인가, 자기 몸의 특징에 맞는 플레이를 하려면 어떻게 하면 좋은가를 생각하면서 연습을 합시다. 이러한 연구가 있으면, 어떤 연습을 하더라도 자연히 즐거워지는 것입니다.

　또, 혼자서 연습을 하는 경우에도 공원의 나무를 상대 선수로 생각하고 플레이하거나, 기둥을 자기 편으로 생각하고 패스 연습을 할 수 있습니다. 혼자서 연습하더라도 머릿속에서는 가상의 시합을 할 수 있는 것입니다.

　연습이 끝난 후에는 자기의 플레이를 다시 생각해 보고 반성하는 시간이 반드시 필요합니다. 그날 그날 잘한 점과 부족한 점에 대하여 생각하는 것은 다음 목표를 정하는 데 기초가 됩니다.

　목표를 정하고 연구하며, 즐겁게 연습하고 반성하여 새로운 목표를 정하는 과정을 계속 이어나가는 것이 중요합니다.

▲ 뛰어난 선수일수록 자기의 플레이를 생각해 보고 반성한다.

일류 선수일수록 다른 사람의 조언을 잘 듣는다

 축구를 하는 학생들로부터 "하루에 몇 시간 정도나 연습하는 것이 좋습니까?"라는 질문을 자주 받습니다. 연습은 몇 시간 하면 좋다고 정해진 것은 아닙니다. 팀의 연습 시간도 그날의 사정에 따라 짧거나 길거나 할 것입니다. 연습에서 중요한 것은 시간의 길고 짧음보다도 어느 정도 정신을 집중해서 하느냐 하는 것입니다. 산만한 연습을 3시간 하는 것보다는 집중적인 연습을 30분 하는 것이 더 바람직하며 성과가 크다고 생각합니다.
 또 연습에서의 집중과 마찬가지로 중요한 것이 바로 연구하는 자세입니다. 어떻게 하면 잘할 수 있을까 하는 것을 항상 생각하고 있는 사람은 마음속에 연구심을 가진 사람입니다. 이러한 사람은 다른 사람들의 충고와 조언을 순순히 듣습니다. 왜냐하면 다른 사람들은 자기가 볼 수 없는 것, 자기가 모르는 점들을 잘 파악하고 있기 때문입니다.
 그러므로, 감독님이나 코치, 친구, 부모님께서 자기에게 부족하거나 미숙한 점을 말해 주면 싫어하지 말고 즐거운 마음으로 귀기울여 듣도록 합시다. 그리고, 그 충고와 조언을 받아들여 자신의 성장에 도움이 되도록 노력합시다.
 자기 이외의 사람을 마음속으로 소중히 여기는 사람은 축구도 반드시 잘하게 될 것입니다.

▲ 항상 연구하는 자세를 갖고 주위의 충고를 잘 듣자!

뛰어난 선수가 되려면 지기 싫어하는 마음도 필요하다

 장래에 뛰어난 선수가 되려면 어떻게 하면 좋으냐는 질문을 받으면 나는 "지기 싫어하는 것이 중요하다"고 대답합니다.
 내가 말하는 지기 싫어하는 사람이란, 남에게 지기 싫어하는 것뿐만 아니라 자신에게 지는 것을 싫어하는 사람을 말하는 것입니다. 연습 중에 힘이 들어 쉬고 싶을 때에도 좀더 참고 견딜 수 있는 것, 그것이 바로 지기 싫어하는 마음입니다.
 누구나 마음속에 '나약한 또 하나의 자신'을 가지고 있습니다. 그러나 '또 다른 자신'에게 져서는 남과의 승부에 이길 수가 없습니다. 나약한 자신과의 작은 승부에서 이길 수 있어야 중요한 시합에서 이길 수 있는 것입니다.
 또, 뛰어난 선수가 되려면 자기 스스로를 관리하는 것도 중요합니다. 즉, 축구의 규칙뿐만 아니라 사회생활의 규칙도 지킬 것, 학생으로서 공부를 소홀히 하지 않을 것. 또한 휴식과 식사에 주의하고 건강 관리에 신경을 쓸 것 등 이러한 일들을 평소에 실천할 수 없다면 결코 훌륭한 선수가 될 수 없습니다.
 특히 축구를 한다고, 공부를 열심히 하지 않는 친구들이 많은 것 같은데, 하고자 하는 마음과 시간을 잘 배분하는 방법들을 연구하면 공부와 축구 모두를 열심히 할 수 있습니다. 아무쪼록 공부와 축구 모두 열심히 하기를 바랍니다.

▲ 지기 싫어하는 마음이 있다면 축구와 공부 모두를 열심히 해야 한다.

Soccer Photograph ②

● 골

팀 동료의 기쁨이 폭발하는 순간이다.
이 순간을 위하여 모두가 열심히 뛰고 있다.

■ 축구 상식 ②

고대 그리스 · 로마의 경기

고대 그리스나 로마에서도 축구와 비슷한 경기를 즐겼다고 합니다.

그리스에서는 '에피스키로스', 로마에서는 '할파스툼'이라고 불리고 있었습니다. 다만 축구보다도 럭비에 가까운 경기였습니다.

볼 컨트롤을 향상시키는 놀이

자유롭게 볼을 차 보자 / 28
볼 리프팅과 축구 테니스 / 30
놀이를 통해 볼 컨트롤을 향상시킨다 ① / 32
놀이를 통해 볼 컨트롤을 향상시킨다 ② / 34
• Soccer Photograph　• 축구 상식 / 36

자유롭게 볼을 차 보자

    정식 축구 시합은 1팀당 11명의 선수로 진행합니다만, 꼭 11 대 11의 시합만이 축구는 아닙니다. 축구는 단 한 사람으로도 할 수 있고, 4, 5명으로도 충분히 할 수 있는 경기입니다.
    남미 브라질의 축구 선수들은 매우 뛰어난 개인기를 가지고 있어서, 전세계에서도 초일류의 기술을 보여 줍니다. 브라질에서는 "아기는 축구공과 함께 태어난다"고 할 정도로 어릴 적부터 볼과 친숙합니다.
    브라질의 어린이들은 볼 하나만 있으면 곧 축구 시합을 합니다.

▲ 볼 하나로 경기를 할 수 있는 것이 축구.

▲ 축구는 반드시 11명이 아니어도 충분히 즐길 수 있다.

인원수는 6대 6이라든가, 8명 대 8명이라든가 가지각색입니다.

또 축구 골대도 땅 위에 빈 깡통을 두 개 놓아 만들거나 입고 있던 옷을 벗어서 골대로 사용하기도 합니다. 어쨌든 자유로이 축구를 즐기고 있는 것입니다.

여러분도 형식에 구애받지 말고 둘이 모이면 1대 1의 시합, 8명이 모이면 4대 4로 시합을 해 봅시다.

지켜야 할 규칙은 하나뿐입니다. 그것은 절대로 손을 사용하지 않는 것입니다. 경기장의 규격도 자유로이 정하고, 볼이 라인 밖으로 나갔을 때에도 스로인을 하지 말고 그대로 플레이하도록 해도 좋습니다.

축구를 잘하기 위해서는 수없이 볼과 접촉하는 것이 중요합니다. 인원수가 적을 때에도 자유로이 규칙을 정하여 볼을 차 봅시다.

볼 리프팅과 축구 테니스

혼자 또는 친구와 둘이서 제기차기처럼, 볼을 땅에 떨어뜨리지 않고 차올려 봅시다. 처음에는 땅에 떨어뜨려도 괜찮으나, 차츰 익숙해지면 볼을 땅에 떨어뜨리지 말고 계속 차올려 봅시다.

볼을 차올리는 곳은 머리, 넓적다리, 무릎, 발의 인스텝, 인사이드, 아웃사이드를 사용합니다. 그 밖에 가슴이나 어깨, 발뒤꿈치 등도 사용하도록 합시다.

볼 리프팅이 어느 정도 되면, 축구공으로 하는 게임을 해봅시다.

1팀은 3~5명, 서브는 손에 든 볼을 엔드 라인 밖에서 차서 시작합니다. 자기 코트 안에서는 2회까지 볼을 바운드시킬 수 있고 상대방 코트로 볼을 넘기기 전에 자기편이 한 번은 볼에 닿도록 합시다.

▲ 축구의 시작은 볼과 친하게 되는 것.

Part 3 볼 컨트롤을 향상시키는 놀이

놀이를 통해 볼 컨트롤을 향상시킨다 ①

축구 볼링

먼저 빈 깡통을 10~20개 모아서, 그 빈 깡통을 볼링의 핀처럼 삼각형으로 나란히 세웁니다. 볼을 차서 빈 깡통을 몇 개 넘어뜨리느냐의 시합입니다.

차는 지점은 빈 깡통으로부터 10~15m 떨어진 곳에 선을 긋고, 선위에 볼을 놓고 찹니다. 한 사람이 두 번씩 차고, 한 번에 깡통 전부를 넘어뜨리면 득점을 2배로 합니다.

첫 번째에 깡통이 몇 개 남으면, 두 번째에서 남은 깡통을 넘어뜨

려서, 넘어뜨린 깡통수의 합계를 득점으로 합니다. 자유롭게 볼을 차면서 어떻게 볼을 차면 좋을지 연구를 해 봅시다.

드리블 게임

먼저, 땅 위에 적당한 넓이의 원을 그립니다. 4~6명이 한다면 지름이 7~10m 정도의 원이 좋을 것입니다.

이 원 속에 각각 볼을 1개씩 가지고 들어가서, 드리블을 시작합니다. 처음에는 서로 부딪치지 않도록 자유로이 드리블만 합니다. 그 다음에 누군가의 신호에 따라 게임을 시작합니다.

게임은 자기의 볼을 지키면서 다른 사람의 볼을 원 밖으로 차내는 것입니다. 볼이 원 밖으로 나간 사람은 원 밖으로 나와야 합니다. 누가 끝까지 남느냐의 시합입니다.

▲ 먼저 원 안에서 자유롭게 드리블한다.

▲ 신호가 있으면 다른 사람의 볼을 밖으로 차낸다.

Part 3 볼 컨트롤을 향상시키는 놀이

놀이를 통해 볼 컨트롤을 향상시킨다②

축구공으로 하는 농구

이것은 농구의 바스켓이 없으면 할 수 없는데, 체육관이나 학교에 농구대가 있으면 발이나 머리를 사용하여 볼을 바스켓에 넣는 시합을 해 봅시다.

인원은 1팀 2~3명으로, 볼을 컨트롤하면서 적당한 순간에 볼을 차 올려서 슛을 합니다. 볼을 컨트롤할 때에 처음에는 바닥에 볼을 바운드시켜도 좋으나, 익숙해지면 1회 슛할 때까지 볼을 바닥에 떨어뜨리지 않도록 합시다.

1팀이 10회 슛을 하여 몇 점을 넣느냐의 시합입니다.

▲ 볼 컨트롤이 요점.

▲ 골문도 가방이나 신발 등 주변에 있는 것을 가지고 만들면 된다.

풋살(미니 축구)

적당한 넓이의 빈터나 볼을 차도 괜찮은 체육관 등이 있으면, 거기서 팀당 5~7명으로 시합을 합시다. 골문도 정규 규격보다 작게 만들고, 15~20분 정도로 시간을 정하여 시합을 합니다.

풋살 경기는 운동량이 매우 많습니다. 아마 정식 축구보다도 더 힘들 거라고 생각됩니다. 그러나, 볼을 차는 횟수나 상대편과 볼을 서로 빼앗는 기회가 많기 때문에, 축구의 볼 컨트롤이나 몸의 균형이 좋아질 것입니다.

참고로, 정식 풋살은 일반 경기장의 약 $\frac{1}{9}$ 정도의 크기인 경기장에서 팀당 5명의 선수로 전·후반 20분간 치러지며 심한 태클이나 격렬한 행위는 금지되어 있습니다.

Soccer Photograph ③

● 관중들의 열광적인 응원

관중이 없는 스포츠는 상상할 수 없다.
1982년 스페인 월드 컵 대회에서의 응원 모습.

■ 축구 상식 ③

중세 영국의 축구

중세에 들어와서 현재의 축구와 상당히 비슷한 경기가 널리 퍼지게 되었습니다.

영국에서는 14세기경부터 풋볼이라고 불리는 경기가 대중 사이에서 많은 인기를 끌어 성행하고 있었습니다.

축구 선수에게 필요한 능력

축구의 기초 기술을 배워 보자 / 38
체력이 강해야 경기를 할 수 있다 / 40
전술이 있어야 기술이 산다 / 42
중요한 시합일수록 정신력이 승패를 결정한다 / 44
• Soccer Photograph   • 축구 상식 / 46

Part 4 축구 선수에게 필요한 능력

축구의 기초 기술을 배워 보자

축구 시합에서 사용되는 기술에는 여러 가지 종류가 있습니다. 그것은 다음과 같이 분류됩니다.

① 볼을 날리는 기술→킥(볼을 발로 찬다), 헤딩(볼을 이마로 받는다).

② 볼을 받는 기술→트래핑(굴러오는 볼과 바운드 볼의 컨트롤), 스토핑(뜬 볼의 컨트롤).

③ 볼을 다루는 기술→드리블, 페인트.

④ 볼을 빼앗는 기술→태클(상대방이 가지고 있는 볼에 부딪친다), 숄더 차지(자기의 어깨로 상대방의 어깨를 막는다).

⑤ 볼을 던지는 기술→스로인(양손으로 머리 뒤쪽에서 앞으로 볼을 던진다).

⑥ 골을 지키는 기술→골 키핑 (골키퍼가 손을 사용하는 기술).

이상과 같이 크게 여섯 가지로 분류되는데, 뛰어난 축구 선수가 되기 위해서는 최소한 다섯 가지의 기술을 익혀야 합니다.

또 골키퍼를 목표로 하는 사람은 이 밖에 골키퍼에게 필요한 기술을 반드시 익혀야 합니다.

▲볼 컨트롤을 잘하게 되면, 상대방에게 볼을 빼앗기는 일이 적어진다.

▲ 킥은 축구의 생명이다.

▲ 드리블과 페인트로 수비를 돌파한다.

체력이 강해야 경기를 할 수 있다

축구는 매우 활동량이 많은 운동입니다. 성인 시합은 경기 시간이 90분(전반 45분, 후반 45분)이지만, 팀 가운데서도 가장 활동량이 많은 하프 위치의 선수는 한 시합에서 보통 10~12km 정도를 달리게 됩니다.

그것도 마라톤과 같이 거의 같은 페이스로 달리는 것이 아니라, 갑자기 달리거나, 정지하거나, 또는 점프하거나 하는 여러 가지 다른 동작을 하면서 달리는 것입니다.

그러므로, 축구 선수에게는 마라톤과 같은 지구력뿐만 아니라, 대시(Dash)와 점프할 때의 순발력, 상대의 강한 접촉에 견딜 수 있는 근력, 균형을 잡는 조정력 등의 종합적인 체력이 필요합니다.

이러한 종합적인 체력을 기르기 위하여 볼을 사용하지 않고 달리거나 근력을 키우는 훈련을 하는 것도 중요하지만, 초등학생일 때에는 볼을 사용하여 3대 3이나 4대 4의 게임을 하면서 체력을 기르는 것이 좋다고 생각합니다.

축구 경기는 일종의 체력 훈련입니다. 볼을 컨트롤하는 능력이나 상황을 판단하는 능력을 기르면서 시합을 통해 체력을 기르도록 합시다.

▲ 종합적인 체력을 기르려면, 풋살(미니 축구)이 가장 좋다.

Part 4 축구 선수에게 필요한 능력

전술이 있어야 기술이 산다

앞에서 축구 선수에게 필요한 기술에 대해 설명하였는데, 축구 선수는 단순히 기술을 몸에 익히는 것만으로는 충분하지 않습니다. 왜냐하면 실제 시합에서는 그 기술을 어떻게 사용하느냐가 가장 중요하기 때문입니다.

축구에서는 순간 순간 상대편과 자기편의 위치가 변하기 때문에 볼을 잡았을 때에 어떤 플레이를 하면 좋은가는 상황에 따라 달라지게 됩니다. 볼을 잡았을 때 어떤 플레이를 하면 좋은가의 판단을 상황 판단이라고 하는데, 이 상황 판단이 나쁘면 모처럼 배운 기술도 정작 시합에서는 소용없게 됩니다.

기술적인 연습을 할 때에는 항상 시합의 실제 상황을 머릿속에 그리면서 연습을 하는 것이 필요합니다. 실전에서 기술을 발휘하는 방법, 즉 전술이라고 하는 것이 축구 선수에게는 반드시 필요합니다.

전술에는 개인 전술, 그룹 전술, 팀 전술이라는 것이 있는데, 이러한 전술의 가장 기초가 되는 것이 『Look before(볼이 오기 전에 주위의 상황을 보라)』와, 『Think before(볼이 오기 전에 다음의 플레이를 생각하라)』입니다.

이처럼 전술은 먼저 주위를 살펴보고, 다음 플레이를 생각하는 것에서부터 시작됩니다.

▲ 전술의 기초는 주위를 살펴 보고 다음 플레이를 생각하는 것이다.

Part 4 축구 선수에게 필요한 능력

중요한 시합일수록 정신력이 승패를 결정한다

축구 선수는 기술, 체력, 전술이라는 세 가지 요소를 균형있게 살려가야 하나, 실제로 승패가 갈리는 시합에서 가장 필요한 것은 정신력이나 투지입니다. 축구는 흔히 격투기라고 하는데, 상대에게 이기려는 강한 의지가 없는 선수는 축구라는 엄격한 시합에서는 좀처럼 도움이 되지 않는 것입니다.

신체의 발육·발달에 필요한 영양소에는 단백질, 탄수화물, 지방이 있고, 이들을 잘 활용하기 위하여 비타민이나 무기질이 있습니다. 축구에 있어서의 정신력은 마치 이 비타민이나 무기질과 같은 작용을 합니다.

정신력을 단련하려면 어떻게 하면 좋은가라는 질문을 많이 받는데 그럴 때마다 나는 항상 평상시의 마음가짐이 가장 중요하다고 말하곤 합니다.

즉, 연습 중이나 그 밖의 생활에서도 자기자신을 늘 되돌아보고 조절하는 습관을 몸에 익히는 것이 중요합니다. 사람은 마음이 흐트러지면 모든 일을 편하게 하려는 경향이 생깁니다. 그러므로, 자기가 정한 목표를 항상 잊지 않고 그 목표를 달성하기 위한 자신과의 싸움을 계속해 가야 합니다. 그렇게 하면, 반드시 의지가 강해집니다.

▲ 실전에서는 정신력이나 투지가 승패를 좌우한다.

Soccer Photograph ④

● **단련된 근육**
평상시의 엄격한 연습을 통해 강인한 체력을 얻게 된다.

■ 축구 상식 ①

중세 이탈리아의 칼초

14~15세기의 이탈리아에서는 현대의 축구와 비슷한 칼초라고 하는 경기를 했는데 사람들이 그 경기에 너무 열중하여 사고가 생길 정도였습니다.

「길에서 볼을 차서는 안 된다」는 법이 생겼을 정도입니다.

킥은 축구의 생명

킥(Kick)의 종류를 알아보자 / 48
인스텝 킥을 하는 방법 / 50
인스텝 킥의 연습법 / 54
점프 발리 킥(Jump Volley Kick)과
오버헤드 킥(Overhead Kick) / 56
인프런트 킥(Infront Kick)을 하는 방법 / 58
아웃프런트 킥(Outfront Kick)을 하는 방법 / 62
인사이드 킥(Inside Kick)을 하는 방법 / 64
아웃사이드 킥(Outside Kick)을 하는 방법 / 66
인사이드 킥과 아웃사이드 킥의 연습법 / 68
토 킥(Toe Kick)을 하는 방법 / 70
힐 킥(Heel Kick)을 하는 방법 / 72
• Soccer Photograph   • 축구 상식 / 74

Part 5 킥은 축구의 생명

킥의 종류를 알아 보자

축구의 킥에는 패스, 슛, 그리고 위험한 상황이나 지역에서 골문으로부터 멀리 볼을 차내는 클리어링(Clearing)의 세 가지 목적이 있습니다. 이러한 킥에는 여러 가지 차는 방법이 있고, 각각 이름이 붙어 있습니다.

먼저, 볼을 발의 어느 부분으로 차는가에 따라 다음과 같이 분류됩니다.

① 인스텝 킥(Instep Kick) = 발등의 중앙으로 찬다.
② 인프런트 킥(Infront Kick) = 발등의 약간 안쪽으로 찬다.
③ 아웃프런트 킥(Outfront Kick) = 발등의 약간 바깥쪽으로 찬다.

▲ 자기 편에게 패스!

▲ 멀리 클리어링!   ▲ 호쾌하게 슛!

④ 인사이드 킥(Inside Kick) = 발 안쪽의 복사뼈 아래로 찬다.
⑤ 아웃사이드 킥(Outside Kick) = 발의 바깥쪽으로 찬다.
⑥ 힐 킥(Heel Kick) = 발뒤꿈치로 찬다.
⑦ 토 킥(Toe Kick) = 발끝으로 찬다.
⑧ 니 킥(Knee Kick) = 무릎으로 찬다.

또 차는 타이밍의 차이에 따라 다음과 같이 분류됩니다.
① 발리 킥(Volley Kick) = 볼이 공중에 떠 있을 때에 찬다.
② 하프 발리 킥, 또는 드롭 킥(Half Volley Kick, Drop Kick) = 볼이 땅에 바운드하여 튀어 오르는 순간에 찬다.

또한, 볼을 찰 때의 자세에 따라 다음과 같이 분류된다.
① 점프 발리 킥(Jump Volley Kick) = 점프하여 몸을 옆으로 뉘어 볼을 찬다.
② 오버헤드 킥(Overhead Kick) = 등이 지면과 수평이 되도록 점프하여 머리 너머로 볼을 찬다.

Part 5 킥은 축구의 생명

인스텝 킥(Instep Kick)을 하는 방법

　인스텝 킥은 볼을 강하게 차고 싶은 때나, 볼을 멀리 차고 싶을 때에 사용합니다.
　볼은 발등의 중앙, 축구화의 끈 부분으로 찹니다. 볼을 찰 때에는 발가락으로 신바닥을 누르고, 발목을 곧게 뻗어 차도록 합시다. 발목이 흔들흔들 하면 강한 볼을 찰 수 없습니다. 따라서 차는 순간 발목에 힘이 들어가 있어야 합니다.
　서 있는 발은 볼과 나란한 방향으로 볼에서 15~20cm 떨어진 곳에 내디딥니다. 무릎은 충분히 굽혀서 균형을 잡도록 합니다.
　차는 발은 발목을 크게 흔들어 차는 것이 아니고, 무릎을 지지점으로 하여 무릎 아래로 힘차게 찹니다. 킥은 무릎 아래의 동작이 중요합니다.

▲ 발등의 중앙으로 볼을 찬다.

▲ 인스텝 킥을 하는 자세. 본문의 설명과 비교해 보자.

Part 5 킥은 축구의 생명

• 인스텝 킥을 하는 방법.

▲ 서 있는 발은 볼에서 15~20cm 정도 떨어진 곳에 볼과 나란히 내디딘다.

▲ 무릎은 충분히 굽혀서 균형을 잡도록 한다.
▲ 차는 발은 무릎을 축으로 하여 무릎 아래를 힘차게 내지른다.

Part 5 킥은 축구의 생명

인스텝 킥의 연습법

지면에 놓은 볼을 인스텝 킥으로 차는 것은 초보자에게는 조금 어려운 것입니다. 그러므로, 인스텝 킥은 먼저 떠 있는 볼을 발등의 중앙으로 맞히는 감각을 익히는 것부터 시작합니다.

혼자 연습할 경우에는 손에 잡은 볼을 벽을 향하여 차 봅시다. 벽에 목표가 되는 표시를 하고, 그곳을 겨냥하여 킥합니다.

다음에는 땅에 놓은 볼을 골문을 향하여 슛합니다.

골문까지의 거리는 10~15m 정도로 잡습니다.

마무리는 10m 정도 드리블한 다음의 드리블 슛입니다. 처음에는 골문을 향하여 똑바로 드리블하여 슛을 합니다. 다음에는 드리블 코스에 7~8개 정도의 깃발을 세우고, 지그재그로 드리블한 후 슛을 해 봅시다.

▶ 볼에서 눈을 떼지 않는다.

▲ 손에 든 볼을 떨어뜨려 벽을 향하여 차는 것이 연습의 첫단계.

▲ 지그재그로 드리블한 다음에 슛을 하는 연습.

Part 5 킥은 축구의 생명

점프 발리 킥(Jump Volley Kick)과 오버헤드 킥(Overhead Kick)

친구에게 몸 옆으로 볼을 던져 달라고 한 후, 몸을 옆으로 뉘어 그 볼을 킥하는 연습을 합시다.

발을 옆으로 높게 올려 차려면, 서 있는 발의 무릎을 깊이 굽혀, 상체를 차는 발과는 반대 방향으로 기울입니다. 그때, 팔을 옆으로 벌려 균형을 잡도록 합니다.

점프하여 볼을 차는 연습도 합시다. 친구에게 몸 정면으로 볼을 높게 던져 달라고 하여, 그 볼을 오른발로 차고 싶을 때에는 먼저 왼쪽 무릎을 높게 올려 점프합니다. 그리고 공중

▲ 차는 발은 어떤 경우에도 볼의 중심을 찬다.

▲ 오버헤드 킥. 양팔을 쿠션으로 하여 착지하는 것이 요령.

에서 왼발과 오른발이 교차하도록 오른발을 내밀어 볼을 찹니다.

 이와같이, 발을 교차시켜 차는 것을 시저스 킥(Scissors Kick)이라고 합니다.

 시저스 킥의 요령을 파악한 다음에 두꺼운 매트 위에서 점프 발리 킥 연습을 합시다. 오른발로 킥할 때에는 왼발을 높게 올려 점프하고, 그대로 몸을 뉘어 공중에서 오른발을 내밀어 찹니다.

 다음에는 역시 두꺼운 매트 위에서 오버헤드 킥의 연습을 합니다.

 머리 너머로 발을 교차시켜 킥하는데, 이때 먼저 낙법을 확실히 배우도록 합시다.

Part 5 킥은 축구의 생명

인프런트 킥(Infront Kick)을 하는 방법

인프런트 킥은 발등의 안쪽을 사용하여 차는 것인데, 볼은 발의 엄지발가락의 뿌리부터 발끝 부분을 중심으로 찹니다. 이 킥은 주로 뜬 볼을 차고 싶을 때나 볼에 회전을 주고 싶을 때에 사용합니다. 또 짧은 거리의 패스나 슛보다는 긴 거리의 패스나 슛에 사용하는 것이 일반적입니다.

서 있는 발의 위치는 높은 볼을 차고 싶을 때에는 볼보다도 약간 뒤에, 라이너성의 볼을 차고 싶을 때에는 볼 거의 옆에 대디딥니다. 다만, 인스텝 킥 때보다도 20~25cm 정도 볼에서 떨어진 곳에 내디딥니다.

볼을 똑바로 찰 때에는 차는 발을 볼을 보내려고 하는 방향으로 똑바로 내 밉니다.

볼을 잘 찼을 때에는 볼에 역회전이 걸려서 지면에 떨어졌을 때에 볼이 그 자리에 머무르게 됩니다.

볼에 회전력을 주어 패스하거나 슛을 할 때에도 인프런트 킥을 사용합니다. 볼을 차는 곳은 똑바로 차는 경우와 다름이 없으나, 볼을 차는 법, 즉 발을 흔

▲ 발등의 안쪽을 사용하는 킥. 엄지발가락의 뿌리부터 발끝 부분을 중심으로 하여 볼을 찬다.

▲ 인프런트 킥의 자세. 본문의 설명과 비교해 봅시다.

드는 법이 똑바로 차는 경우와는 상당히 다릅니다.

 오른발로 회전력을 주는 경우, 볼의 상하 중심선의 왼쪽에서 오른쪽으로 볼을 비껴 찹니다. 그렇게 하면 볼에는 좌회전의 회전력이 생겨서, 왼쪽 방향으로 휘어져 갑니다. 커브를 거는 법은 탁구의 라켓으로 탁구공에 스핀을 거는 법과 똑같습니다. 킥의 경우에는 발이 라켓의 대신이 됩니다.

Part 5 킥은 축구의 생명

• 인프런트 킥을 하는 방법.

▼ 볼에서 절대로 눈을 떼서는 안 된다.

▶ 인스텝 킥 때보다도 20~25cm 정도 볼에서 떨어진 곳에 내디딘다.

Part 5 킥은 축구의 생명

아웃프런트 킥(Outfront Kick)을 하는 방법

아웃프런트 킥의 방법

아웃프런트 킥은 달리는 동료 선수 앞으로 휘어져 가는 패스를 할 때나, 휘어져 가는 슛을 할 때에 사용합니다. 인프런트 킥과 같이 볼을 높게 차는 것은 아웃프런트 킥으로는 약간 어려운 기술입니다.

정지해 있는 볼을 아웃프런트로 차는 경우에는 볼을 향하여 오른쪽 비스듬한 방향에서 볼에 접근합니다. 그리고 서 있는 발의 발끝은 볼을 차는 방향으로 향하지 않고, 그대로 앞쪽을 향하여 내디딥니다. 내디디는 위치는 볼을 보내는 방향 쪽으로 볼의 바로 뒤 25~30cm 떨어진 곳입니다.

차는 발은 앞에서 연습한 킥과 똑같이 무릎 아래를 힘차게 흔들어 찹니다.

특히 아웃프런트 킥의 경우, 발을 흔드는 것이 느리면 볼은 멀리 가지 않습니다. 볼은 발목을 안쪽으로 굽혀, 발목의 바깥쪽을 뻗은 상태로 찹니다. 물론, 발목에 힘을 주어 흔들리지 않도록 고정시킵니다. 볼을 차는 것은 발의 새끼발가락 뿌리부터 발끝까지의 부분이 중심입니다.

▲ 서 있는 발의 내디디는 위치는 볼 바로 뒤 25~30cm 정도의 곳.

아웃프런트 킥의 연습법

먼저 비치볼이나 고무공 등 가벼운 볼을 사용하여 볼에 걸리는 회전을 확인하면서 연습합니다.

다음에는 슛 연습을 해 봅시다.

골문에서 10m 정도 떨어진 곳에 2m 간격으로 깃발을 2개 세웁니다. 그 깃발에서 5~6m 떨어진 곳에 볼을 놓고, 그 볼에 커브를 걸어 깃발 사이를 지나 골문 구석으로 들어가도록 슛을 합니다.

그것이 끝나면 볼을 10m 정도 드리블한 다음에 똑같이 슛을 해 봅시다.

▶ 아웃 프런트 킥을 차는 법

Part 5 킥은 축구의 생명

인사이드 킥(Indside Kick)을 하는 방법

인사이드 킥은 인스텝 킥이나 인프런트 킥과 같이 강한 볼은 찰 수 없으나, 가까이에 있는 자기편에게 정확한 패스를 하고자 할 때에는 매우 좋은 킥입니다.

이 킥은 찰 때의 자세로 상대방에게 패스나 슛의 방향이 알려지기 쉬운 결점이 있으나, 가장 정확하고 확실한 킥입니다.

서 있는 발은 발끝을 볼을 보내는 방향으로 향하고, 볼 바로 옆 20~25cm 떨어진 곳에 내디딥니다. 무릎은 충분히 굽혀서 몸의 균형을 잘 잡도록 합니다.

볼을 차는 부분은 발 안쪽의 복사뼈와 그 아래 부분이 중심이 되나, 발목을 고정시키는 방법에 특징이 있습니다.

먼저, 발끝을 될 수 있는 대로 위로 올려, 정강이와 발등이 대략 직각이 되도록 힘을 넣습니다. 그리고, 발끝을 서 있는 발의 발끝과 직각이 되도록 벌립니다. 이렇게 하여 발 안쪽의 넓은 면으로 볼을 찹니다.

볼과 차는 발의 닿는 면적이 넓기 때문에 원하는 방향으로 정확하게 찰 수 있는 것입니다.

▲ 발목을 사진과 같이 고정시킨다.

▲ 차는 발의 발끝을 될 수 있는 대로 위로 올리자.

Part 5 soccer 킥은 축구의 생명

아웃사이드 킥(Outside Kick)을 하는 방법

인사이드 킥에서는 몸이 향한 방향으로 똑바로 볼을 차는데, 아웃사이드 킥은 몸의 방향과는 다른 방향으로 볼을 찹니다. 또 킥 동작도 그다지 큰 동작은 아니므로, 패스의 방향을 알기 어려운 킥입니다.

서 있는 발의 발끝은 아웃프런트 킥과 마찬가지로 볼을 보내는 방향으로 향하지 않고, 볼을 보내는 방향에 대하여 30~45도 각도로 향합니다. 내딛는 위치는 볼 뒤 25~30cm 정도 되는 곳입니다.

볼을 차는 곳은 발 바깥쪽의 새끼발가락 뿌리를 중심으로 한 부분입니다. 발끝을 약간 안쪽으로 향하여 발 바깥쪽을 뻗은 상태로 찹니다.

▲ 발 바깥쪽의 새끼발가락 뿌리를 중심으로 한 부분으로 볼을 찬다.

▲ 실전에서 자기편에게 패스할 때 아웃사이드 킥이 많이 사용된다.

Part 5 킥은 축구의 생명

인사이드 킥과 아웃사이드 킥의 연습법

먼저 그 장소에서 이동하지 않고, 7~10m 떨어진 벽 또는 친구들을 향하여 땅볼을 찹니다. 처음에는 굴러오는 볼을 정지시킨 다음에 찹니다. 익숙해지면 볼을 정지시키지 말고 직접 찹니다. 다이렉트 패스를 10개 계속 할 수 있으면 합격입니다.

다음에는 친구들과의 거리를 5~6m 정도로 하여 뜬 볼을 차는 연습을 합니다. 손으로 허리 정도의 높이에 볼을 던지게 하여, 그것을 발리 킥으로 친구들의 가슴을 향하여 패스합니다.

오른발과 왼발을 교대로 사용하여 차는 연습을 합시다. 또 발 근처에서 바운드되는 볼을 던지게 하여, 그것을 하프 발리 킥으로 차

▲ 7~10m 떨어진 벽에 땅볼을 찬다.

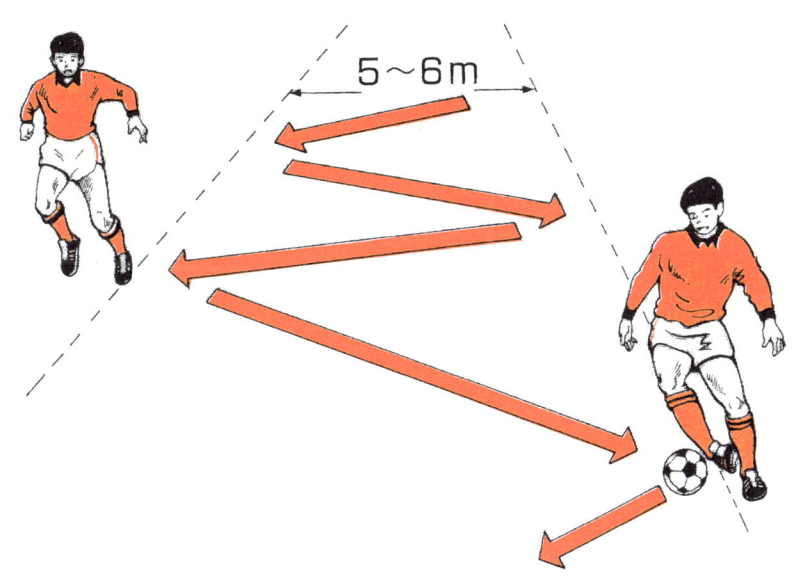

▲ 두 사람이 5~6m 떨어져 옆으로 나란히 지그재그로 패스를 주고 받는다.

보내는 연습도 필요합니다. 그것이 잘되게 되면, 서로 1~6m 정도 떨어져서 땅볼을 차거나, 뜬 볼을 차는 연습을 합시다.

마지막에는 달리면서 하는 패스 연습입니다. 두 사람이 5~6m 정도 떨어져서 옆으로 나란히 선 후 지그재그로 패스를 하면서 달려갑니다.

이 경우, 패스를 한 사람이 그 자리에 머무르지 말고 앞쪽으로 달려가는 것이 중요합니다. 또는 한 사람이 시계추와 같이 좌우로 이동하면서 정지해 있는 사람과 패스를 주고 받는 것도 좋은 방법입니다.

Part 5 킥은 축구의 생명

토 킥(Toe Kick)을 하는 방법

토 킥을 차는 법

자기 가까이에 상대 팀 선수가 있어서, 그 선수가 볼을 빼앗으러 오기 전에 재빨리 볼을 차고 싶을 때 토 킥을 사용합니다.

토 킥은 컨트롤이 어려운 킥으로 정확성이 떨어지기 때문에 보통은 자주 사용되지 않으나, 경우에 따라서는 매우 유용한 킥입니다.

급히 찰 때 사용하는 킥이므로, 서 있는 발은 볼에서 너무 떨어지지만 않으면 어디에 내디디어도 상관없습니다. 다만, 발끝은 볼을 차는 방향으로 향해야 합니다. 볼을 찰 때에는 발목을 굽힌 채 고정시키고, 발끝으로 볼을 찌르듯이 찹니다.

축구화는 바닥의 발끝 부분이 단단하게 만들어져 있으므로, 발을 흔들듯이 빨리 차면, 예상외로 빠른 볼을 찰 수 있습니다.

토 킥의 연습법

토 킥은 특별히 연습을 하지 않더라도 비교적 간단히 할 수 있는 킥입니다. 그러나, 컨트롤을 잘하려면 역시 여러 번 연습할 필요가 있습니다.

먼저, 친구와 둘이서 10m 정도 거리를 두고, 패스 연습을 합니다. 발 아래에 정지시킨 볼을 처음에는 가볍게 찹니다. 차는 법을 알게 되면, 점점 강하게 찹니다.

다음에는 슛 연습을 합니다. 골문에서 10~15m 떨어진 곳에 볼을 놓고, 3~4m 도움닫기를 하여 슛합니다. 느린 볼은 골키퍼가 쉽게 잡아 버리므로 가능한 한 강하게 차야 합니다.

친구들로부터 패스를 받아 정지시킨 다음 재빨리 슛을 하는 연습도 필요합니다.

▼ 발목을 굽힌 채로 고정시켜, 발끝으로 볼을 차도록 한다.

Part 5 킥은 축구의 생명

힐 킥(Heel Kick)을 하는 방법

힐 킥을 차는 법

힐 킥도 시합 중에 자주 사용하는 것은 아니나, 뒤쪽으로 재빨리 볼을 보내고 싶을 때에는 꼭 필요한 킥입니다. 즉, 패스나 슛을 하는 방향으로 등을 향한 채로 하는 킥입니다.

볼을 차는 방향과 몸의 방향이 반대이므로, 상대는 패스나 슛의 코스를 미리 알 수가 없습니다.

볼을 찰 때에는 서 있는 발을 볼의 바로 옆에 내디디고, 발을 앞에서 뒤로 흔들어 뒤꿈치로 볼을 찹니다. 힐 킥의 경우에도 차는 발은 발목 뿌리를 흔들지 말고 무릎 아래 부분을 움직여 차도록 합니다.

힐 킥의 연습법

힐 킥은 간단히 할 수 있는 킥은 아니나, 방법을 알면 컨트롤하기 쉬운 킥입니다. 처음에는 2~3m 앞에 볼을 놓고, 달려가서 뒤쪽의 벽이나 친구에게 패스합니다. 처음에는 강하게 찰 수 없으므로, 우선 볼을 차는 느낌을 파악하도록 합니다.

다음에는 볼을 가볍게 앞으로 찬 다음에 그 볼을 뒤따라가서 뒤로 찹니다. 볼이 앞으로 굴러가고 있으므로, 서는 발을 내딛는 위치는 볼보다 앞이어야 합니다.

토 킥, 힐 킥은 모두 특별한 경우에 사용하는 킥이지만, 연습은 꼭 해두어야 합니다.

▲ 서 있는 발은 볼 바로 옆에 내딛는다.

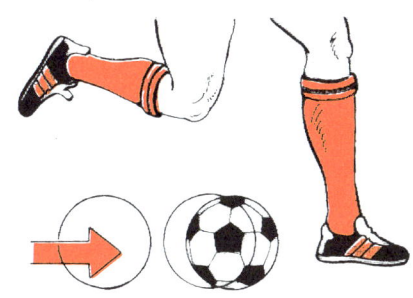

▲ 힐 킥을 차는 법 – 연속 동작과 발의 위치.

Soccer Photograph ⑤

● 페널티 킥

키커에게는 매우 긴장된 순간이다. 자신감을 가지고 과감하게 차면 반드시 성공시킬 수 있다.

■ 축구 상식 ⑤

근대 축구의 탄생

영국에서 성행했던 풋볼은 통일된 경기 규칙이 없이 무질서하게 행해졌습니다. 그러다 통일된 경기 규칙의 필요성이 커지자 1893년 12월 8일에 풋볼 협회가 통일된 규칙을 발표하였습니다. 이날이 바로 근대 축구의 탄생일입니다.

축구를 활기차게 만들어 주는 헤딩

헤딩(Heading)의 특징과 방법을 배워 보자 / 76
볼을 바운드시키는 헤딩 / 78
볼을 멀리 보내는 헤딩 / 82
볼의 방향을 좌우로 바꾸는 헤딩 / 84
볼의 방향을 바꾸는 헤딩의 연습법 / 86
볼을 뒤로 보내는 헤딩 / 88
몸을 날려서 하는 다이빙 헤딩(Diving Heading) / 90
• Soccer Photograph   • 축구 상식 / 92

Part 6 축구를 활기차게 만들어 주는 헤딩

헤딩의 특징과 방법을 배워 보자

헤딩의 특징

헤딩은 다른 스포츠에서는 볼 수 없는 축구만의 기술입니다. 킥과 마찬가지로 자기편에게 패스, 골문으로 슛, 자기편의 위기를 구하는 클리어링으로 사용합니다.

볼을 보내는 힘은 몸 전체를 사용하여 만들어 냅니다. 헤딩의 경우, 상체를 전후로 흔드는 동작, 또는 비트는 동작으로 볼을 날려 보냅니다.

다만, 상체의 반동을 이용하려면 팔의 움직임이나 하반신의 움직임도 이용해야 하므로, 몸 전체의 균형을 유지하는 것이 가장 중요합니다.

헤딩은 정확성이라는 점에서는 킥보다도 뛰어난 기술이라고 할 수 있습니다. 그 이유는 볼이 닿는 부분(이마의 중앙 부분)이 거의 바뀌지 않을 뿐만 아니라, 볼을 이마로 받을 때에 힘을 쓸 필요가 없기 때문입니다.

헤딩은 어느 부위로 하는가?

헤딩은 머리를 사용하여 볼을 보내는 기술이지만, 볼은 머리의 꼭대기가 아니라, 이마 한복판보다 약간 아래 부분으로 헤딩해야 합니다.

볼을 받는 느낌을 알기 위하여, 먼저 볼을 손에 들고 이마 부분에 가볍게 대 봅시다. 이마는 매우 단단한 부위이므로 볼을 강하게 대어도 결코 아프지 않습니다.

헤딩할 때에 목을 움직이면 좋지 않습니다. 목 근육에 힘을 넣어 헤딩해야 합니다. 그렇게 하면 강한 볼을 헤딩하여도 아프지 않고, 볼을 강하게 멀리 보낼 수 있습니다.

또 헤딩할 때는 반드시 눈을 뜨고 끝까지 볼에서 눈을 떼지 않는 것이 중요합니다. 볼을 두려워하여 눈을 감으면 볼이 코에 부딪치거나, 정수리 부근에 맞을 수 있습니다.

▲ 볼을 이마에 대 봅시다.

▶ 헤딩은 몸 전체의 균형이 중요하다.

Part 6 축구를 활기차게 만들어 주는 헤딩

볼을 바운드시키는 헤딩

헤딩의 방법

볼을 아래로 바운드시키는 헤딩은 골문 앞에서의 헤딩 슛이나 자기편의 발 앞으로 헤딩 패스를 할 때 사용합니다.

슛이나 패스에 사용하는 이 헤딩은 볼의 중심선보다 약간 위의 부분을 이마로 받는데, 그 전에 턱을 당기고 상체를 충분히 뒤로 젖힙니다. 그리고 상체를 앞으로 내밀면서 헤딩합니다.

볼을 내리치듯이 헤딩하는 경우, 이 상체의 동작이 중요하므로, 볼을 사용하지 않고 상체를 뒤로 젖혔다가 앞으로 내미는 동작을 몇 번이든 되풀이 연습하십시오.

헤딩의 연습법

먼저 머리 위로 볼을 던져 올려, 내려오는 볼을 3~5m 거리에 있는 벽이나 또는 친구를 향하여 헤딩합니다.

다음에 친구에게 머리 높이로 오는 볼을 던지게 하여, 그 볼을 헤딩으로 친구의 발 앞으로 되돌려 줍니다.

점프하여 헤딩하는 연습을 합시다. 이 때에도 헤딩하기 전에 공중에서 상체와 발을 뒤로 젖혀 볼을 기다립니다. 5~6m 정도 떨어져서 높은 볼을 던져 달라고 하여 헤딩 연습을 합시다.

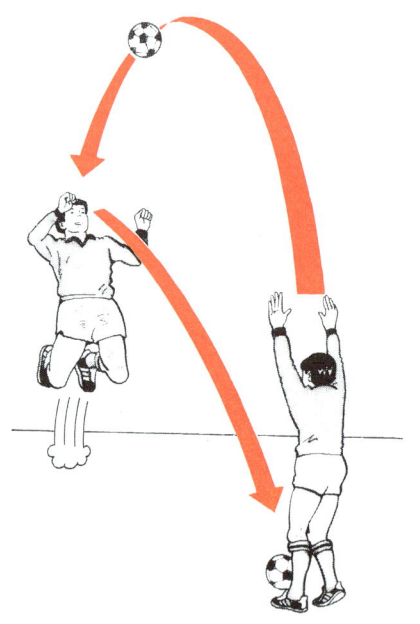

▲ 턱을 당기고 상체를 충분히 뒤로 젖힌다.

▲ 헤딩 슛!

Part 6 축구를 활기차게 만들어 주는 헤딩

• 헤딩을 하는 방법.

▲ 턱을 당기고 상체를 충분히 뒤로 젖힌다.

▲ 상체를 앞으로 내밀면서 볼을 이마로 받는다. 끝까지 눈을 뜨고 볼에서 눈을 떼지 않는다.

▲ 상체를 힘차게 앞으로 내미는 동작이 중요.
헤딩할 때에는 목 근육에 힘을 줄 것.

▲ 끝까지 볼에서 눈을 떼지 않는다.

Part 6 축구를 활기차게 만들어 주는 헤딩

볼을 멀리 보내는 헤딩

헤딩으로 하는 클리어링(Clearing) 방법

클리어링을 하는 경우는 자기편의 위기 상황일 때이므로 킥이나 헤딩으로 클리어링을 할 때는 가능한 한 강하면서도 정확하게 해야 합니다. 클리어링이 약하거나 부정확하면 오히려 더 큰 위기를 맞을 수 있기 때문입니다.

볼을 헤딩으로 클리어링할 때에는 슛이나 패스를 할 때와는 반대로, 볼의 중심선보다도 약간 아래 부분에 이마가 닿아야 합니다. 그러나 너무 아래 부분에 닿으면 볼이 앞으로 나아가지 않고 위로만 떠올라 버리므로, 중심보다도 약간 아래 부분을 겨냥해야 합니다.

상체를 뒤로 젖혀 볼을 기다렸다가 헤딩할 때에 힘차게 상체를 앞으로 내미는 것이 중요합니다.

또 볼에 대하여 비스듬한 자세를 잡는 것도 중요합니다. 다만, 얼굴은 정면을 향하여 볼에서 눈을 떼지 않도록 해야 합니다.

헤딩으로 하는 클리어링(Clearing) 연습법

자기가 헤딩하는 장소에 선을 긋고 바로 위로 던진 볼을 헤딩으로 어느 정도 멀리 날릴 수 있는지, 친구들과 시합을 하는 것도 좋은 방법입니다.

▲ 볼의 중심보다 아래 부분을 겨냥한다. 상체는 앞으로 힘차게 내민다.

Part 6 축구를 활기차게 만들어 주는 헤딩

좌우로 볼의 방향을 바꾸는 헤딩

날아오는 볼의 방향을 바꾸는 헤딩은 조금 어려운 기술입니다.

먼저 가장 중요한 점은 목을 돌려 볼을 맞히는 것이 아니라, 상체를 비틀어 볼을 맞힌다는 것입니다.

때로는 목을 비트는 동작으로 볼의 방향을 바꾸는 경우도 있으나, 원칙적으로는 목을 움직이지 않도록 고정시키고 상체를 비틀어 헤딩합니다.

볼이 닿는 부분은 역시 이마의 중앙이지만, 처음에는 한복판보다는 약간 옆부분으로 하는 것이 방향을 바꾸기가 쉬울 것입니다.

볼을 맞히는 감각을 충분히 익힌 다음에는 이마의 중앙 부분을 사용해서 볼의 방향을 바꾸도록 합니다.

오른쪽에서 날아온 볼을 왼쪽으로 90도 방향을 바꾸어 헤딩하는 경우, 왼쪽 어깨를 볼이 날아오는 방향으로 향하도록 합니다.

선 채로 헤딩할 때에는 왼발을 축으로 하여 오른발을 약간 올립니다. 그 자세에서 왼쪽 어깨를 축으로 하여 상체를 왼쪽으로 비틀면서 헤딩하는 것입니다.

▶ 목을 돌리는 것이 아니라, 상체를 비틀어 헤딩하는 것이다.

▲ 실전에서 위력을 발휘하는, 볼의 방향을 바꾸는 헤딩.

Part 6 축구를 활기차게 만들어 주는 헤딩

볼의 방향을 바꾸는 헤딩의 연습법

볼을 사용하지 않는 연습

우선, 볼을 사용하지 않고 몸을 비트는 방법을 배우는 것부터 시작합시다. 오른쪽에서 왼쪽으로 비트는 경우에는 왼발을 축으로 하여 상체를 비틉니다. 왼쪽에서 오른쪽으로 비트는 경우에는 오른쪽 발이 축이 됩니다.

다만, 볼을 받을 때에는 상체를 좌우로 비틀기만 하는 것이 아니라, 반드시 상체를 뒤로 젖혀 볼을 기다렸다가 몸을 비틀면서 내밉니다.

▲ 오른쪽에서 왼쪽으로 비트는 경우에는 왼발을 축으로 하여 상체를 비튼다. 볼을 멀리 보내고 싶을 때에는 동시에 상체를 뒤로 젖히는 것을 잊지 말도록.

볼을 사용한 연습 ①

다음에, 양발을 뻗고 벌린 상태로 앉아서 헤딩을 해 봅시다. 이 자세로 헤딩을 하면 목의 움직임만으로는 볼이 잘 날아가지 않으므로, 자연히 상체를 사용하는 동작이 몸에 익혀집니다.

볼을 사용한 연습 ②

선 자세로 헤딩을 합니다. 두 명의 친구와 삼각형으로 서서 교대로 헤딩을 합니다.

마지막으로, 점프하여 볼의 방향을 바꾸는 연습을 합니다. 팔이나 다리를 잘 사용하여 균형을 잡도록 하십시오.

▲ 상체를 잘 사용할 것.

Part 6 축구를 활기차게 만들어 주는 헤딩

볼을 뒤로 보내는 헤딩

백 헤딩(Back Heading)의 방법

날아오는 볼을 그대로 뒤로 보내는 헤딩을 백 헤딩이라고 합니다. 이 헤딩은 자기 뒤로 달려오는 선수에게 패스하고 싶을 때나, 골문 앞으로 뛰어들어 간 후 돌아서 후방에서 보내온 패스를 직접 슛하고 싶을 때 사용합니다. 이 헤딩을 사용하는 경우에는 볼이 날아오기 전에 자기 뒤의 상태를 잘 보아 두어야 합니다.

볼은 다른 헤딩과 똑같이 역시 이마로 볼을 받습니다. 이 경우, 볼을 받는다기보다는 이마에 살짝 스치게 하는 것이라고 말하는 쪽이 이해하기 쉬울 것입니다.

▲ 볼을 이마에 살짝 스치게 하는 느낌을 파악하자.

백 헤딩의 연습

백 헤딩의 연습에서는 먼저 볼을 바로 위로 가볍게 던져 올려, 그 볼을 뒤로 헤딩하는 연습부터 시작합니다. 볼은 머리카락이 난 부분과 이마의 경계 부근에 닿도록 합니다.

이 연습을 하면, 헤딩한 다음에 몸을 뒤로 젖히지 않으면 볼이 잘 날아가지 않는다는 것을 알게 될 것입니다.

다음에는 5~6m 떨어진 친구에게 볼을 높게 던져달라고 하여, 그것을 뒤에 있는 친구에게 패스하는 헤딩 연습을 합니다. 이 연습에서는 볼이 날아오는 방향으로 재빨리 달려들어가는 것을 배웁시다.

▲ 볼이 날아오는 방향으로 재빨리 달려들어가는 것이 요령. 여기서도 볼을 머리카락이 난 부분과 이마의 경계 부근에 닿게 하는 것을 잊지 않도록 한다.

Part 6 축구를 활기차게 만들어 주는 헤딩

몸을 날려서 하는 다이빙 헤딩(Diving Heading)

다이빙 헤딩의 방법

다이빙 헤딩은 슛과 클리어링에 사용하는데 몸을 앞쪽으로 던지지 않으면 볼에 닿지 않을 때에 사용하는 헤딩의 기술입니다.

이 기술은 다이빙한 후의 착지를 익힐 때까지 약간 시간이 걸리지만, 착지를 익히고 나면 기술적인 실수는 거의 생기지 않는다고 할 수 있습니다.

▲ 다이빙한 후의 착지를 먼저 배웁시다.

볼이 닿는 곳은 역시 이마의 중앙 부분이지만, 볼의 방향을 바꾸는 것만으로 득점이 되는 경우에는 머리의 어느 부분에 닿아도 상관이 없습니다.

다이빙 헤딩의 연습법

무릎을 세우는 자세부터 연습을 시작합니다. 처음에는 볼 없이 앞쪽으로 다이빙하는 방법과 손을 짚는 법을 배웁시다. 그 다음에 3~4m 떨어져 있는 친구에게 낮은 볼을 던져 달라고 합니다. 눈은 끝까지 볼을 보고 있어야 하고, 턱을 내민 자세로 착지하십시오.

다음에는 선 자세에서 다이빙 헤딩을 하는 연습을 합니다.

먼저 볼 없이 앞쪽으로 다이빙합니다. 착지는 손→가슴→배→넓적다리 앞면의 순서로 하되, 손을 짚었을 때에 팔힘을 사용하여 될 수 있는 대로 착지의 충격을 완화시키도록 합니다.

이 착지 연습을 충분히 한 다음에 실제로 볼을 사용하여 헤딩을 합니다.

▶ 손→가슴→배→넓적다리 앞면의 순서로 착지한다.

Soccer Photograph ⑥

● 용기
상대방의 볼에 몸을 던져서 하는 태클을 무서워하면 안 된다.

■ 축구 상식 ⑥

'사커'라는 명칭의 유래

영국에서는 협회식 풋볼이 통일된 규칙에 따라 행하여지고 있었습니다.

그러나 사람들은 더 간단한 호칭이 없을까 하고 생각하다가, 협회식(Association)의 SOC를 따서 'Soccer' 즉 '사커'라는 이름을 생각해 내었습니다.

다음 플레이를 위한 볼의 정지법

트래핑(Trapping)과 스토핑(Stopping)을 배우자/94
트래핑과 스토핑은 몸의 정면에서 한다/96
트래핑과 스토핑의 방법 ①/98
트래핑과 스토핑의 방법 ②/100
트래핑과 스토핑의 연습법/102
• Soccer Photograph   • 축구 상식/104

Part 7 다음 플레이를 위한 볼의 정지법

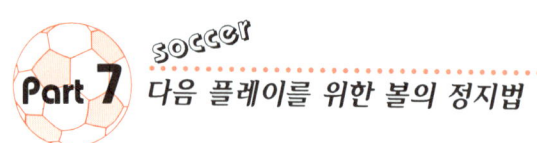

트래핑(Trapping)과 스토핑(Stopping)을 배우자

정확하게는 발로 볼을 정지시키는 기술을 트래핑, 공중에서 정지시키는 기술을 스토핑이라고 하지만, 볼을 정지시키는 기술을 종합하여 트래핑 또는 스토핑이라고 하는 경우가 있습니다.

트래핑이나 스토핑은 시합 중 매우 많이 사용하는데, 볼을 정지시키는 것으로 플레이가 끝나는 것은 아니므로, 반드시 다음 플레이를 하기 쉽도록 볼을 컨트롤할 필요가 있습니다. 다음 플레이란 자기 편에게 패스, 골문으로 슛, 드리블 등의 동작을 말합니다. 그러므로, 자기에게 온 볼을 몸 정면에 정지시키는 것만이 좋은 트래핑이나 스토핑은 아닙니다. 슛을 하는 경우에는 가장 차기 좋은 곳에 볼을 정지시켜야 하므로 몸에서 약간 떨어진 곳에 볼을 멈추는 경우가 있습니다.

또 자기가 상대편 골문을 뒤로 한 상태로 볼을 받을 때에는 몸을 돌리면서 볼을 컨트롤하여, 재빨리 상대편 골문을 향하는 것이 중요합니다.

또한, 트래핑이나 스토핑할 때 시간을 오래 끌지 않은 것도 중요한 요점입니다.

즉, 자기가 생각한 대로 볼을 컨트롤하기 위하여 세 번 네 번 볼을

▲ 다음에 이어지는 동작을 하기 쉬운 곳에 볼을 컨트롤할 수 있도록 하자.

컨트롤하지 말고, 될 수 있는 대로 한 번의 볼 터치로 컨트롤할 수 있도록 연습을 합시다.

◀ 인사이드로 트래핑하여 재빨리 턴.

트래핑과 스토핑은 몸의 정면에서 한다

트래핑의 방법

트래핑의 방법은 볼을 컨트롤하는 발바닥과 지면으로 쐐기 형태를 만들어, 그 사이에 볼을 끼우듯이 하여 정지시킵니다.

발바닥으로 트래핑하는 경우에는 볼이 오는 방향 정면으로 발바닥을 향하여 볼을 받습니다.

땅볼을 정지시킬 때에는 발바닥을 내밀어 볼을 누르는 것만으로 볼은 정지하지만, 바운드볼을 컨트롤할 때에는 볼이 지면에 떨어진

▲ 발바닥과 지면으로 쐐기 형태를 만들어 볼을 끼우듯이 하여 정지시킨다. 볼이 지면에 떨어진 순간에 발바닥으로 볼을 위에서 아래로 살짝 누르듯이 하여 정지시킨다.

순간에 발바닥으로 볼을 위에서 아래로 누르듯이 하여 정지시킵니다. 이렇게 하면 볼에는 역회전이 걸려 바운드되어도 자기 쪽으로 되돌아오게 됩니다.

발의 인사이드를 이용한 트래핑이나 발의 아웃사이드를 이용한 트래핑은 자기 정면으로 날아오는 볼을 좌우로 컨트롤하고 싶을 때에 사용합니다.

▲ 스토핑은 커튼에 볼이 부딪쳤을 때의 느낌으로 해 보자.

스토핑의 방법

스토핑을 잘하려면 먼저 볼이 오는 방향 정면으로 재빨리 이동하는 것이 중요합니다. 그리고 볼의 속력을 떨어뜨리기 위하여 컨트롤하는 발을 볼이 닿는 순간에 볼의 속도에 맞추어 살짝 당기면서 정지시킵니다.

볼은 벽에 부딪치면 튀어나오지만, 커튼에 부딪치면 속도가 줄어 아래로 떨어집니다. 즉, 컨트롤에 사용하는 발을 커튼과 같이 부드럽게 뒤로 당기면서 볼을 받는 것이 스토핑의 요령입니다.

가슴이나 넓적다리로 스토핑하는 경우에는 그 부분의 근육이 쿠션 역할을 하므로, 볼을 잘 대는 것만으로도 정지합니다.

머리나 발의 인스텝, 인사이드의 스토핑에서는 컨트롤하는 순간에 그 부분을 살짝 당겨야 합니다.

트래핑과 스토핑의 방법 ①

▲ 인사이드 발리에 의한 스토핑.

▲ 볼을 발등에 얹듯이 하여 스토핑한다.

▲ 정강이를 사용하는 트래핑.

▲ 넓적다리를 사용하여 몸의 정면에서 스토핑한다.

▲ 후방에서 오는 볼을 아웃사이드로 스토핑.

▲ 발바닥으로 트래핑한 다음에 재빨리 드리블.

트래핑과 스토핑의 방법 ②

▲ 발바닥으로 트래핑한 다음에 재빨리 방향을 바꾼다.

▲ 볼을 가슴으로 받아 아래로 떨어뜨리는 스토핑.

▲ 볼을 가슴으로 받아 튀어 오르게 하는 스토핑.

▲ 발의 인사이드로 트래핑한 다음에 방향을 바꾸어 드리블.

▲ 발의 아웃사이드로 트래핑한 다음에 방향을 바꾸어 드리블.

Part 7 다음 플레이를 위한 볼의 정지법

트래핑과 스토핑의 연습법

트래핑과 스토핑의 연습

트래핑과 스토핑의 연습은 선 채로 볼을 발로 정지시키는 것부터 시작합니다. 먼저 친구에게 땅볼이나 공중볼을 던지게 하여, 그 볼을 정지시켰다가 다시 보냅니다. 될 수 있으면 "하나, 둘" 하는 박자에 맞춰서 하도록 합니다.

다음에는 이동하면서 트래핑과 스토핑의 연습을 합니다. 친구와 10m 정도 떨어져 서서, 거기에서 친구를 향하여 달려갑니다. 3~4m 달려간 곳에서 친구에게 여러 가지 높이의 볼을 던져 달라고 한 후, 그 볼을 자기 앞에 정지시킵니다.

▲ 넓적다리를 사용하여 180도 몸을 돌리면서 하는 볼 컨트롤. 스토핑의 기본만 되어 있으면 이 기술은 그다지 어렵지 않다.

몸을 돌리면서 하는 컨트롤 연습

다음에는 볼의 방향을 바꾸어 좌우로 잡는 연습입니다. 먼저 땅볼을 차달라고 하여 그것을 발의 인사이드, 또는 아웃사이드로 좌우로 돌립니다. 다음에는 공중볼을 마찬가지로 컨트롤하는 연습을 합니다. 넓적다리나 가슴을 사용하여 원터치로 볼의 방향을 바꿉니다.

마지막으로 180도 몸을 돌리면서 하는 동작입니다. 이것은 「턴」이라고 합니다만, 볼의 힘을 잘 이용하여 똑같이 원터치로 돌립니다.

▶ 가슴으로 스토핑하면서 몸을 돌리는 볼 컨트롤.
실전에서 많이 쓰이는 기술이다.

Soccer Photograph ⑦

● **결승골의 감격**
승패를 결정짓는 득점을 올리는 순간. 이 순간의 감격 때문에 축구를 계속 하게 된다.

■ **축구 상식 ⑦**

국제축구연맹의 탄생

축구가 세계 각국에서 성행하자, 그것을 관장하는 조직을 만들자는 움직임이 일어났습니다.

그리고, 네덜란드의 힐슈만이라는 사람이 주창하여 1904년 프랑스 파리에서 7개국이 모여 국제 관리 기구로서 국제축구연맹 (FIFA)을 탄생시켰습니다.

상대를 돌파하는 드리블과 페인트

자기편에게 유리한 드리블(Dribble)을 하자 / 106
상대방 진영을 돌파하는 드리블 방법 / 108
드리블에 페인트(Peint)를 섞어서 돌파한다 / 110
상대방과 볼 사이에 몸을 넣어라 / 112
드리블의 연습법 / 116
• Soccer Photograph　• 축구 상식 / 118

Part 8 상대를 돌파하는 드리블과 페인트

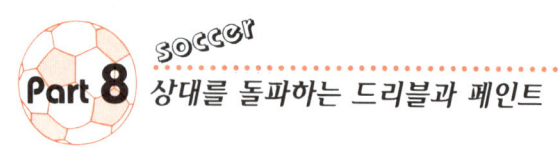

자기편에게 유리한 드리블(Dribble)을 하자

드리블은 매우 자유로운 기술입니다. 드리블에는 이렇게 해야 한다고 정해진 방법이 없습니다. 드리블에서 볼 터치는 발바닥, 발끝, 발끝의 안쪽이나 바깥쪽, 뒤꿈치 등 발의 모든 부분을 사용해서 합니다.

드리블의 방법은 각자 자기 나름의 개성적인 방법을 몸에 익히고 있으면 되는데, 드리블의 시기와 경기 상황을 잘 판단해서 해야 합니다. 그 이유는 경기 상황과 시기에 따라 드리블하는 것이 자기편에게 매우 유리하게 되는 경우와, 불리하게 되는 경우가 있기 때문입니다.

예를 들어 자기편에 불리하게 되는 경우는, 흔히 말하는 볼을 너무 오래 끄는 경우입니다. 전방에 있는 포워드가 자유로운 상태인데도 하프나 수비진이 그 선수에게 빨리 패스하지 않고 드리블을 계속하는 것은 좋지 않습니다. 자기의 기술을 자랑하기 위하여 드리블을 오래 계속하는 사람은 없으리라고 생각하지만, 공격에서는 자기보다 앞에 패스를 받을 수 있는 자기편이 있는 경우에는 드리블을 피하고 즉시 패스하는 것이 원칙입니다. 반대로 드리블을 적극적으로 해야 하는 경우도 있습니다.

그것은 상대 수비를 돌파하면 즉시 슛을 할 수 있을 때입니다. 이런 때에는 과감하게 드리블을 해야 하며, 패스할 대상을 찾기 위해 머뭇거려서는 안 됩니다.

▲ 상대방 수비 한 사람만 돌파하면 슛을 할 수 있는 상황에서는 과감하게 드리블로 돌파한다.

Part 8 상대를 돌파하는 드리블과 페인트

상대방 진영을 돌파하는 드리블 방법

먼저 필요한 것은 최고 속력으로 달리면서 하는 직선적인 드리블입니다. 이것은 상대편의 얕은 수비 라인 뒤쪽으로 패스가 연결되어 돌파하는 경우에 사용합니다.

이러한 경우에는 상대 수비가 따라붙지 못하도록 속력을 늦추지 않고 드리블합니다.

다만, 드리블이 너무 길면 골키퍼에게 볼을 빼앗길 염려가 있으므

▲ 드리블할 때는 볼을 자기가 컨트롤할 수 있는 위치에 두자.

로, 될 수 있는 대로 볼이 몸에서 너무 떨어지지 않도록 짧게 드리블해야 합니다.

  드리블할 때에 볼의 밑부분을 찔러 차서 볼에 역회전을 주도록 하면 볼이 너무 앞으로 굴러갈 염려가 없어집니다.

Part 8 상대를 돌파하는 드리블과 페인트

드리블에 페인트(Feint)를 섞어서 돌파한다

다음에 필요한 것은 속도의 변화와 페인트 동작을 섞은 드리블입니다. 이것은 윙이 상대편 수비를 향하여 드리블하며, 그 수비를 돌파하여 센터링이나 슛을 날리고 싶을 때에 사용합니다.

페인트에는 여러 가지 방법이 있습니다. 예를 들면 발을 오른쪽으로 내디딘 다음에 왼쪽으로 빠지는 식으로 볼은 가만히 두고 몸의 움직임만으로 페인트를 하는 경우나, 볼을 재빨리 좌우로 움직이거나 띄우거나 하는 경우입니다.

페인트에도 정해진 방식이 없으므로, 자기 나름대로의 페인트를 연구하도록 합시다. 최소한 두 종류 이상의 페인트를 몸에 익히도록 연습합시다.

▲ 자기 나름대로의 페인트를 연구하자. 2종류 이상의 페인트를 몸에 익히고 있으면 실전에서 크게 도움이 된다.

▲ 볼을 발바닥으로 당긴 다음, 순간적으로 역방향으로 맹렬한 대시!

Part 8 soccer 상대를 돌파하는 드리블과 페인트

상대방과 볼 사이에 몸을 넣어라

시합 중에 볼을 받았을 때에 뒤에서 상대 수비가 밀착 수비를 하고 있어서 상대방 골문 쪽을 향할 수 없을 때가 있습니다.

이러한 때에는 후방에 있는 자기편에게 패스하거나, 상대의 강한 수비를 따돌리기 위하여 드리블을 해야만 합니다.

볼을 가지고 있을 때에는 상대방과 볼 사이에 자기의 몸을 넣어 상대방이 볼에 닿지 못하도록 합니다. 될 수 있는 대로 상대에게 엉덩이를 내밀어 몸을 구부리고, 상대에서 먼 쪽의 발로 볼을 다루도록 합니다.

상대가 왼쪽에서 돌아들어와서 볼을 빼앗으려고 하면, 오른쪽으로 볼을 컨트롤하면서 몸으로 가로막습니다. 오른쪽에서 돌아들어오려고 하면, 반대로 볼을 컨트롤하면서 몸으로 가로막습니다.

이렇게 하여 상대에게 볼을 빼앗기지 않도록 하면서, 자기편이 오기를 기다립니다. 다만, 볼을 가지고 있을 때에 같은 장소에 머무르고 있으면, 둘 이상의 상대편이 볼을 빼앗으러 왔을 때에 곧 빼앗기게 됩니다. 그러므로 항상 상대가 없는 곳으로 볼을 이동시키는 것이 중요합니다.

자기편이 오지 않을 때에는 상대방을 속이는 페인트로 수비를 돌파하도록 합시다.

▲ 볼 유지력(Keeping)은 실전에서 꼭 필요하다.

▲ 뒤에서 상대가 볼을 빼앗으려고 한다. 이런 때에는 어떻게 하는가?

Part 8 상대를 돌파하는 드리블과 페인트

• 볼 키핑(Keeping)의 방법.

▲ 상대가 뒤에서 볼을 빼앗으려고 한다.

▲ 반드시 상대와 볼 사이에 자기 몸이 위치하도록 해야한다. 상대에서 먼 쪽의 발로 볼을 컨트롤한다.

▲ 상대편이 없는 곳을 찾아서 볼을 항상 이동시키는 것이 볼을 지키는 요령.

▲ 상대가 혼자면 그대로 볼을 지킬 수 있으나, 상대편이 2명 이상일 경우 빼앗기기 쉽다.

Part 8 soccer
상대를 돌파하는 드리블과 페인트

드리블의 연습법

먼저 일직선 방향으로 드리블하는 것부터 시작합니다. 오른발 또는 왼발을 앞으로 내밀 때마다 반드시 볼에 닿도록 하고, 처음에는 천천히 드리블합니다. 익숙해지면 조금씩 속도를 높이고, 마지막에는 최고 속력으로 드리블하도록 합니다. 거리는 15~30m 정도입니다.

다음에는 지그재그 드리블입니다. 지면에 1m마다 빈 깡통을 나란히 놓고, 그 사이를 드리블하면서 통과하거나 나무가 나란히 서 있으면 그 사이를 누비듯이 드리블합니다. 볼에 닿는 곳은 발의 인사이드나 아웃사이드입니다.

방향 전환(턴) 연습도 합니다. 발바닥, 발의 인사이드, 아웃사이드를 사용하여 180도 방향을 바꿉니다. 4~5m의 거리를 드리블하면서 턴을 반복합니다. 턴할 때에는 축이 되는 발의 무릎을 충분히 굽히도록 합니다.

친구와 연습할 수 있을 때는 페인트로 돌파하는 연습과 볼을 빼앗기지 않도록 키핑(Keeping)하는 연습도 해 봅시다. 혼자서 할 때보다 훨씬 실전에 가까운 연습이 될 것입니다.

▲ 나란히 서 있는 나무나 말뚝이 있으면, 그 사이를 빠져나가는 드리블 연습을 한다.

▲ 발의 여러 부분을 사용하여 드리블 연습을 한다.

Soccer Photograph ⑧

● 벽을 넘어서!
페널티 에어리어 부근에서의 프리 킥 모습.
수비벽을 쌓은 선수들의 동작과 표정이 재미있다.

■ 축구 상식 ⑧

한국 축구의 효시

삼국시대부터 축구와 비슷한 축국이라는 것이 있었습니다. 근대 축구가 전해진 것은 1882년(고종 19년)에 영국 군함에 의해서이고 1906년에 최초로 경기가 열렸습니다. 그 후 발전을 거듭하여 1983년도에 프로 축구가 출범하였습니다.

상대의 볼을 빼앗는 태클과 숄더 차지

태클(Tackle)은 볼에 정확히 한다 / 120
스탠딩 태클(Standing Tackle)을 배워 보자 / 122
슬라이딩 태클(Sliding Tackle)을 배워 보자 / 124
슬라이딩으로 인터셉트(Intercept)와 패스를 해 보자 / 126
숄더 차지(Shoulder Charge)와 파울 차지(Foul Charge) / 128
• Soccer Photograph   • 축구 상식 / 130

Part 9 상대의 볼을 빼앗는 태클과 숄더 차지

태클(Tackle)은 볼에 정확히 한다

　상대방이 가지고 있는 볼을 빼앗거나, 자기편의 위기를 벗어나기 위하여 볼을 필드 밖으로 차내는 기술이 태클입니다.
　태클에는 상대방 정면으로 부딪치는 경우와 바로 옆에서 또는 비스듬히 뒤에서 부딪치는 경우가 있는데, 반드시 볼을 겨냥하여 해야 합니다. 잘못하여 상대의 발을 차거나 하면 반칙이 되는데, 상대 선수가 부상당할 위험이 크기 때문입니다.
　또, 바로 뒤에서 하는 태클은 비록 볼에 정확히 태클하였다 하더라도, 위험한 플레이로써 무조건 반칙이 됩니다.
　태클의 방법에는 선 채로 태클하는 스탠딩 태클과 슬라이딩하면서 태클하는 슬라이딩 태클이 있습니다.

▲ 바로 뒤에서 하는 태클은 대단히 위험한 플레이로써 반칙이 됩니다.

▲ 상대의 드리블 돌파를 막는 슬라이딩 태클.

Part 9 상대의 볼을 빼앗는 태클과 숄더 차지

스탠딩 태클(Standing Tackle)을 배워 보자

스탠딩 태클을 하는 방법
스탠딩 태클은 중심을 낮추고 무릎을 깊이 굽혀서 합니다.

볼에 닿는 것은 발의 인사이드인데, 무릎과 발목에 힘을 주어, 태클하는 발이 흔들리지 않도록 합니다. 상체는 약간 앞으로 굽혀서 몸을 둥글게 합니다.

스탠딩 태클의 연습법
스탠딩 태클의 연습은 볼을 벽의 바로 옆에 놓고 합니다. 볼에 정확히 태클하고, 벽에 볼을 밀어 누르도록 합니다.

▲ 볼에서 상대의 발끝이 떨어졌을 때가 기회. 볼을 향하여 재빨리 태클한다.

친구가 있는 경우에는 친구에게 발을 뻗고 앉아서 발바닥으로 볼을 누르도록 한 후 태클 연습을 합니다.

강한 태클일 때에는 발바닥에 부딪치므로, 발에 강하게 힘을 주고 볼을 누르도록 합니다.

슬라이딩 태클(Sliding Tackle)을 배워 보자

슬라이딩 태클의 방법
슬라이딩 태클은 발의 인사이드로 볼을 잡는 경우와, 아웃사이드로 잡는 경우가 있는데, 상대방 정면에서 슬라이딩 태클을 할 때에는 인사이드를 사용합니다.

또 슬라이딩 태클을 할 때에는 손을 짚은 방법에 주의하여야 합니다. 손가락을 슬라이딩하는 방향으로 향하고, 팔꿈치를 굽히도록 합니다. 반대 방향으로 손을 짚으면 팔꿈치가 펴진 상태가 되므로 부상의 원인이 됩니다.

슬라이딩 태클의 연습법
슬라이딩 태클은 먼저 볼을 사용하지 않고 앞쪽으로 슬라이딩하는 연습부터 시작합니다. 손을 짚는 방법에 주의하고 오른발 또는 왼발을 앞으로 내밀어 뒤꿈치가 땅에 미끄러지도록 합니다.

처음에는 같은 장소에서 천천히 슬라이딩하고, 익숙해지면 빨리 슬라이딩한 다음에 곧바로 일어나는 연습을 합니다.

2~3m 도움닫기를 한 다음에 슬라이딩하는 연습도 합시다.

볼 없이 슬라이딩하는 감각을 익혔으면 3~5m 떨어진 곳에 지그재그로 볼을 나란히 놓고, 그 볼을 차례로 하나씩 슬라이딩 태클로 차내는 연습을 합니다.

끝으로 친구에게 똑바로 드리블하게 하고, 그 드리블을 뒤쫓아가면서 비스듬히 뒤에서 슬라이딩 태클하는 연습을 합니다.

▶ 손을 짚는 방법에 주의하면서 과감하게 슬라이딩 한다.

▼ 나란히 놓은 볼을 차례대로 슬라이딩으로 차내는 연습을 한다. 공은 약 3~4m 간격으로 엇갈리게 놓고 슬라이딩 태클을 연습한다.

3.5m

Part 9 상대의 볼을 빼앗는 태클과 숄더 차지

슬라이딩으로 인터셉트(Intercept)와 패스를 해 보자

슬라이딩은 상대가 가지고 있는 볼을 빼앗을 때뿐만 아니라, 패스를 인터셉트(도중에서 가로채는 것)하거나, 흐르는 볼을 재빨리 자기편에게 패스할 때에도 사용합니다. 인터셉트의 연습에서는 상대편의 패스를 읽는 상황 판단이 중요한데, 볼 쪽으로 재빨리 발을 내미는 것이 요점입니다.

지면에 슬라이딩하면서 발의 인사이드나 아웃사이드, 또는 발끝으로 재빨리 자기편에게 패스하는 연습을 합시다.

▲ 패스의 방향을 빨리 읽고 발을 내민다.

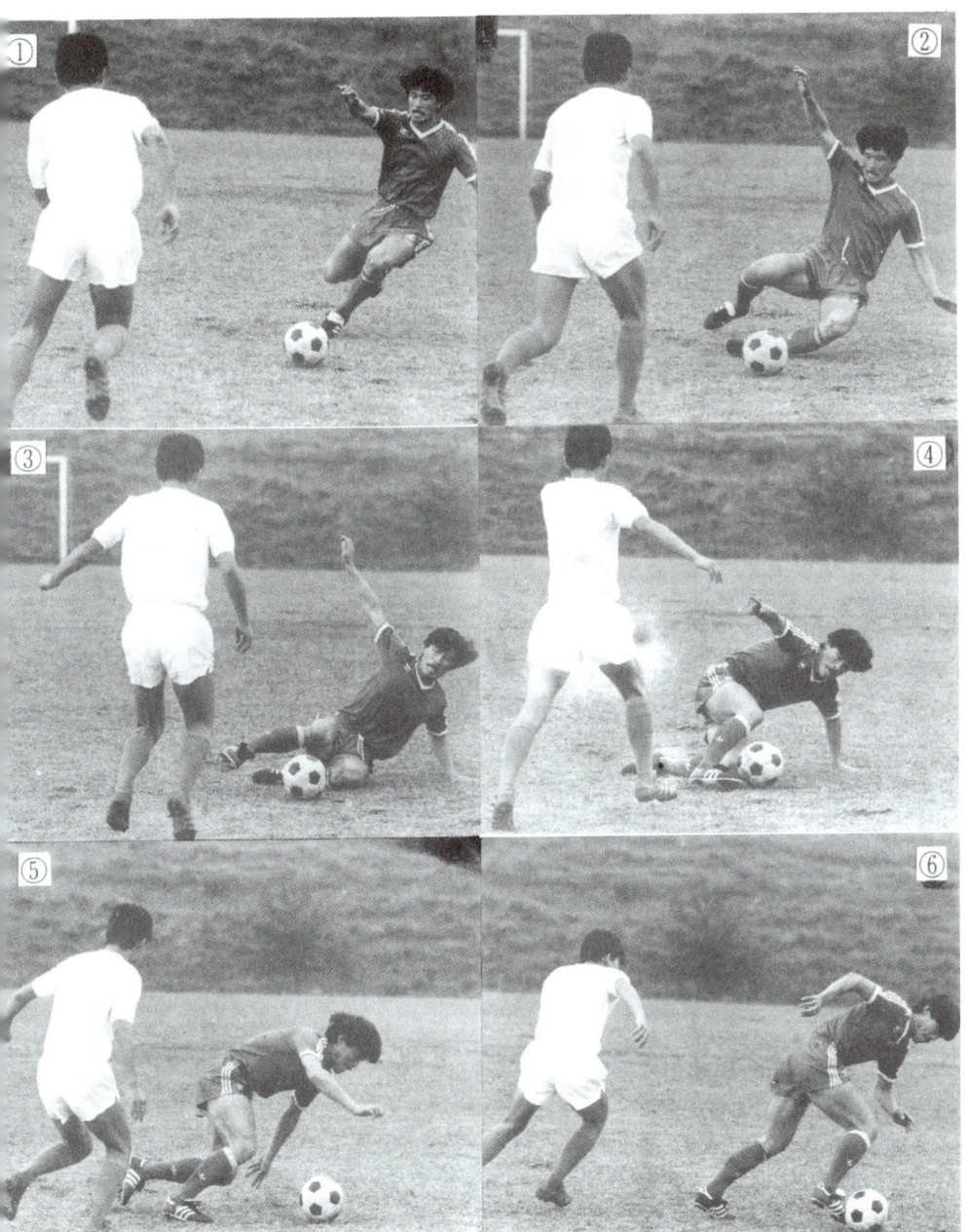

▲ 흐르는 볼을 재빨리 슬라이딩하여 자기 볼로 만든다.

Part 9 상대의 볼을 빼앗는 태클과 숄더 차지

숄더 차지(Shoulder Charge)와
파울 차지(Foul Charge)

숄더 차지라는 것은 자기의 어깨를 상대방 어깨에 대고 미는 것을 말합니다. 볼을 다루는 기술은 아니지만, 축구에서는 없어서는 안 될 중요한 기술입니다. 올바른 숄더 차지를 배우면, 태클과 마찬가지로 상대방이 가지고 있는 볼을 뺏을 수 있습니다.

그러나, 숄더 차지는 매우 격심한 플레이기 때문에 잘못하면 반칙이 됩니다. 숄더 차지에서 반칙이 되는 것은 다음과 같은 경우입니다.

먼저 어깨로 부딪칠 때에는 옆으로 벌려서는 안 됩니다. 팔은 팔꿈치를 굽혀 옆구리 쪽에 바짝 붙입니다. 조금이라도 팔꿈치가 올라가거나 팔로 밀거나 하면 반칙이 됩니다.

또한, 상대의 등이나 가슴 등 어깨 이외의 부분을 부딪히거나 밀면 위험한 플레이로 반칙이 됩니다. 자기의 어깨와 상대의 어깨가 부딪치는 것이 바른 숄더 차지입니다.

볼이 3~4m 정도 떨어진 곳에 있어서 상대방이 그 볼에 닿을 수도 없을 때에 숄더 차지를 하면 파울이 됩니다.

▲ 팔을 옆으로 벌려 상대방을 밀어젖히면 파울 차지가 된다.

▲ 자신의 어깨와 상대의 어깨가 부딪치는 바른 숄더 차지.

Soccer Photograph ⑨

● 공중전
볼에 대한 집중과 헤딩에 이기려고 하는 결의가 중요하다.

■ 축구 상식 ⑨

한국의 월드 컵 출전

한국은 1954년 제5회 스위스 월드 컵에 처녀 출전한 이후 1986년 제13회 멕시코 대회부터 2002년 제17회 한국·일본 대회(개최국 자동 출전)까지 총 6회, 5회 연속 본선에 진출하게 되어, 월드 컵에 연속 출전하는 국가가 되었습니다.

올바른 스로인 방법을 배우자

10

올바른 스로인(Throw-in)과 파울 스로(Foul Throw) / 132
스로인의 연습법 / 136
· Soccer Photograph   · 축구 상식 / 138

Part 10 올바른 스로인 방법을 배우자

올바른 스로인(Throw-in)과 파울 스로(Foul Throw)

먼저 볼은 양손으로 잡고, 머리 뒤에서 머리 위를 지나도록 던져야 합니다. 머리 위에서 그대로 앞으로 던지면 파울 스로가 됩니다. 또, 몸이 향하고 있는 방향으로 똑바로 던져야 합니다.

즉, 몸을 비틀어 발끝 방향과 다른 방향으로 던지거나, 손만을 비틀어 얼굴 방향과는 다른 방향으로 던지거나 하면 파울 스로가 됩니다.

터치 라인을 완전히 넘어 경기장 안쪽에서 던지면 파울 스로가 됩니다. 다만, 선을 밟았더라도 그것을 완전히 넘지 않으면 파울 스로가 되지 않습니다. 발끝은 볼을 던지는 방향으로 향해야 하는데, 양발을 붙이고 던지는 경우와, 앞뒤로 벌리고 던지는 경우가 있습니다.

▲ 볼을 잡은 양손이 모두 사진과 같이 손가락을 벌리고 고르게 힘을 분배하여 스로인해야 한다.

▲ 바른 스로인 - 양발을 붙이고 던진다.

▲ 터치 라인을 넘어서 던진 경우에는 파울 스로가 된다.

▲ 몸을 비틀어 발끝과 다른 방향으로 던지는 것도 파울 스로.

Part 10 올바른 스로인 방법을 배우자

파울 스로 중에서 가장 많은 것은 볼을 던진 후에 발이 땅에서 떨어지는 경우입니다.

특히, 될 수 있는 대로 멀리 던지려고 하는 경우에 뒷발이 위로 올라가거나, 약간 점프하여 던지거나 하기 쉽습니다. 양발을 붙여서 던지는 경우나 앞뒤로 발을 벌려 던지는 경우 모두 파울이 되므로 발이 땅에서 떨어져서는 안 됩니다. 스로인도 분명히 공격의 방법 중에 하나입니다. 스로인을 소홀히 여겨 실제 경기에서 스로인 반칙을 범하는 경우가 많은데, 그런 경우 자기편의 공격 리듬을 스스로 흐뜨리는 결과가 되므로 특히 주의해야 합니다. 따라서 평소에 스로인 연습을 충실히 하도록 합시다.

▲ 뒷발이 올라가면 파울 스로.

▲ 점프하여 던지는 것도 파울 스로.

• 양발을 앞뒤로 벌리고 던지는 스로인의 방법.

▲ 볼은 머리의 뒤로. 턱을 당기고, 가슴을 내민다. 무릎은 힘을 빼고 가볍게 굽힌다.

▲ 상체를 스프링처럼 뒤로 젖혔다가 펴면서 던진다. 이때, 발이 땅에서 떨어지지 않도록 조심한다.

▲ 던진 다음에 손목을 내리고, 손가락 끝이 아래로 향하는 자세가 되도록 한다.

Part 10 올바른 스로인 방법을 배우자

스로인의 연습법

 스로인 연습은 먼 곳까지 던지는 롱 스로인(long throw-in) 연습과 받는 사람의 이동에 따라 타이밍을 맞추어 자기편이 잡기 쉬운 볼을 던지는 연습을 하도록 합니다.
 먼저 될 수 있는 대로 멀리 던지는 연습을 할 때에는 스로인을 하는 선을 긋고, 다시 거기에서 10m 떨어진 곳부터 1m 간격으로 25m까지 선을 그어 표시합니다.
 친구와 둘이서 어느 만큼 멀리까지 던질 수 있는가 시합해 봅시다.
 다음에는 자기편의 이동에 맞추어 재빨리 던지는 연습을 합니다. 10m 떨어진 곳에 친구가 서서, 거기에서 좌우로, 또는 방향을 뒤로

▲ 좌우로의 방향 전환

▲ 페인트로 수비를 따돌린 후 볼을 받는다.

바꾸어 달려가게 합니다. 그 친구가 이동하는 곳의 조금 앞에 받기 쉬운 볼을 던집니다.

친구가 방향을 바꿔 뒤쪽으로 달렸을 때에는 친구의 머리 너머로 볼을 멀리 던져야 합니다.

끝으로 다른 친구가 볼을 받는 친구를 수비하는 역할을 하게 하고 연습을 합니다. 볼을 받는 친구가 수비하는 친구를 페인트로 따돌리고 이동하면, 그 곳에 재빨리 스로인합니다.

상대방이 볼을 차지하는 일이 없도록 타이밍을 잘 맞추어 보십시오.

Soccer Photograph ⑩

● 팀 동료와 함께 춤을!
연습을 시작하기 전에 체조로 몸을 푸는 모습.

■ 축구 상식 ⑩

월드 컵 득점왕은?

월드 컵에서 통상 가장 많은 골을 넣은 선수는 독일(구 서독)의 게르트 뮐러로, 1970년 멕시코 대회에서 10골, 74년 서독 대회에서 4골을 성공시켜 모두 14골을 넣었습니다. 한편, 최단 시간에 골을 넣는 선수는 1962년 칠레 대회에서 경기시작 15초 만에 골을 넣은 체코의 마세코 선수입니다.

골키퍼의 기술을 배우자

골키퍼의 기본 기술 / 140
캐칭(Catching)-볼은 항상 몸 정면에서 잡는다 / 142
세이빙(Saving)은 착지 방법이 중요하다 / 144
펀칭(Punching)은 치는 타이밍(Timing)이 중요 / 146
볼을 골문 뒤로 넘기는 디플렉팅 / 148
골키퍼의 스로잉(Throwing)은 공격의 제1보 / 150
골키퍼의 킥 - 펀트 킥(Punt Kick)과 드롭 킥(Drop Kick) / 152
슛을 막는 연습을 해 보자 / 154
• Soccer Photograph   • 축구 상식 / 156

Part 11 골키퍼의 기술을 배우자

골키퍼의 기본 기술

축구에서는 1팀 11명의 선수 중에서 한 사람만 자기 진영의 페널티 에어리어 안에서 손을 사용하는 것이 허용되는데, 그 선수가 바로 골키퍼입니다.

골키퍼는 페널티 에어리어 밖으로 나와서도 플레이할 수 있지만 그 경우에는 손을 사용할 수 없습니다.

골키퍼에게 필요한 손을 사용하는 기술이나 플레이를 골 키핑(Goal Keeping)이라고 하며, 그것은 다음의 여섯 가지로 나누어집니다.

① 캐칭(Catching) = 볼을 손으로 잡는 기술.

▲ 골키퍼는 항상 볼 처리를 확실하게 해야 한다.

▲ 허리 아래에서 볼을 잡을 때에도 몸의 정면에서 잡는 것이 기본이다.

▲ 허리 위에서 볼을 잡을 때에도 기본은 몸의 정면에서 잡는 것이다.

② 세이빙(Saving) = 몸을 옆으로 슬라이딩하여 볼을 잡는 기술.

③ 펀칭(Punching) = 볼을 주먹으로 쳐서 멀리 날려보내는 기술.

④ 디플렉팅(Deflecting) = 볼을 손가락끝으로 튕겨서 볼의 코스를 바꾸는 기술.

⑤ 스로잉(Throwing) = 볼을 자기편에게 던지는 기술.

⑥ 킥 = 손에 잡은 볼을 자기편에게 차서 패스하는 기술.

이상의 여섯 가지입니다. 골키퍼가 되려면 이 여섯 가지 기술을 반드시 익혀야 합니다. 골키퍼는 수비의 중심으로 매우 중요한 위치인데, 골키퍼의 실수는 곧바로 자기편의 실점이 될 수도 있기 때문입니다.

그러므로, 골키퍼는 화려한 플레이보다도 항상 확실한 플레이를 하도록 힘써야 합니다.

Part 11 골키퍼의 기술을 배우자

캐칭(Catching) - 볼은 항상 몸 정면에서 잡는다

골키퍼는 상대가 슛한 볼을 잡는 것뿐만 아니라, 골문 앞으로 날아 오는 센터링이나 크로스 볼도 잡아야 합니다.

캐칭의 첫 번째 원칙은 볼은 항상 몸 정면에서 잡아야 한다는 것입니다. 특히, 땅볼을 잡을 때에 손만으로 잡으려고 하면, 볼이 손을 빠져나가는 경우가 있으므로, 반드시 손 뒤에 다리로 '벽'을 쌓도록 합니다.

허리부터 얼굴 사이의 높이로 오는 볼은 몸 정면에서 잡도록 하면 볼이 손을 빠져나가도 몸이 막아주므로 안심할 수 있습니다.

두 번째 원칙은 양손의 손가락을 활짝 펴서 볼이 날아오는 방향 정면으로 손바닥을 내미는 것입니다.

허리보다 낮은 볼의 캐칭에서는 손가락을 아래로 향하여 오른손과 왼손의 새끼손가락이 닿도록 손을 내밉니다.

허리보다 높은 볼의 캐칭은 반대로 손가락을 위로 향하여 양손의 엄지손가락과 집게손가락끼리 닿도록 손을 내밉니다.

▶ 허리부터 얼굴 사이의 높이로 날아오는 볼의 캐칭.

▲ 허리 높이 볼의 캐칭　　　　▲ 땅볼의 캐칭

Part 11 골키퍼의 기술을 배우자

세이빙(Saving)은 착지 방법이 중요하다

세이빙은 몸을 옆으로 던지지 않으면 볼을 잡을 수 없는 경우에 사용됩니다. 말하자면 긴급한 상황에서 하는 캐칭입니다.

볼을 잡을 때의 기본은 캐칭과 다름이 없습니다. 즉, 볼이 날아오는 방향 정면에서 양손바닥을 내밀어 손가락을 벌려 잡도록 합니다.

이 기술의 포인트는 몸을 옆으로 날린 후 떨어지는 착지의 방법입니다.

몸을 옆으로 내던질 때에는 먼저 넘어지는 쪽의 발을 축으로 하여 내디딥니다. 반대쪽의 발이 내디디는 발이 되면 옆으로 잘 뛸 수가 없습니다. 그 다음에 반드시 몸을 정면을 향한 채로 옆구리부터 착지하여야 합니다. 착지하였을 때에 몸이 엎드린 자세가 되면 바른 세이빙이 아닙니다.

또, 세이빙을 하기 전에는 무릎을 충분히 굽혀서 낮은 자세로 옆으로 뛰는 것이 중요합니다. 몸을 세운 자세로는 낮은 볼에 대한 세이빙이 어렵고, 반동을 이용할 수 없으므로 옆으로 뛰는 거리가 짧아지기 때문입니다.

옆으로 몸을 날려 볼을 잡은 다음에는 재빨리 볼을 가슴에 껴안아야 합니다. 또 몸을 움추려서, 상대편 포워드가 달려 들어 오다가 부딪쳐도 다치지 않도록 합니다.

▲ 실전에서의 세이빙은 골키퍼의 위치 선정 하나로 어떠한 강한 슛이라도 막을 수 있다.

◀ 몸은 옆쪽으로 날리지만 볼은 항상 가슴 안으로 껴안아야 한다.

Part 11 골키퍼의 기술을 배우자

펀칭(Punching)은 치는 타이밍이 중요

골문 주위에 선수들이 모여 있어서 높이 올라간 볼을 캐치하기 어려운 경우나, 상대편 포워드가 헤딩하려고 하는 볼을 멀리 쳐내려고 할 때 그리고 골키퍼가 예측하지 못한 강한 슛이 날아올 때 볼을 주먹으로 치는 펀칭이 사용됩니다.

또, 비가 오는 날에는 잡을 수 있는 볼도 미끄러워서 놓치기 쉬우므로, 펀칭으로 처리하는 경우가 있습니다.

펀칭의 원칙은 킥이나 헤딩으로 하는 클리어링의 원칙과 같으며, 될 수 있는 대로 골 에어리어에서 멀리 그리고 높이, 볼을 쳐내야 한다는 것입니다. 펀칭한 볼이 자기편에게 패스되면 더할 나위가 없습니다.

펀칭은 양손의 주먹을 맞대어 하는 경우와, 한 손만으로 하는 경우가 있습니다. 주먹은 힘을 주어 쥐고, 볼을 치는 부분이 편평하게 되도록 손가락을 가지런히 합니다. 볼이 닿는 면이 울퉁불퉁하면

▲ 양손의 주먹을 맞대어 펀칭한다.

▲ 골문으로부터 높게 멀리 보내도록 연습한다.

손이 아프고 볼도 잘 날아가지 않습니다.

　볼을 치는 방법은 권투를 하듯이 굽힌 팔꿈치를 뻗으면서 치는데, 힘을 넣지 말고 볼의 중심을 치도록 합니다. 높게 멀리 보내려면 볼의 중심선 약간 아래 부분을 치도록 합니다.

　볼이 잘 날아가느냐의 여부는 손에 힘을 얼마만큼 주느냐에 따르는 것이 아니라, 볼을 치는 타이밍으로 결정됩니다. 따라서 볼을 잘 보고 정확히 치도록 합니다.

볼을 골문 뒤로 넘기는 디플렉팅

디플렉팅(deflecting)이라는 것은 그다지 익숙하지 않은 용어인데, 볼을 빗나가게 하거나 튕기거나 하는 플레이를 말합니다.

예를 들면, 크로스바(골문의 가로대) 바로 아래로 날아온 볼을 키퍼가 손으로 쳐서 크로스바 위로 넘겨 보내 위기를 넘기거나, 키퍼의 머리 위로 솟한 볼을 몸을 뒤로 젖히면서 똑같이 볼을 크로스바 위로 넘겨 보내는 동작이 디플렉팅입니다.

이 디플렉팅은 점프를 해도 완전하게 잡을 수 없거나 손이 겨우 닿을 정도의 볼 처리에 사용합니다. 그러므로, 날아오는 볼의 방향을 바꾸거나 튕기는 것은 손가락끝의 힘만으로 합니다.

다만, 볼이 날아오는 힘을 이용하여 볼의 방향을 조금 바꾸는 것이므로, 볼 밑바닥을 손가락끝으로 밀어 올리는 순간 포착이 가장 중요한 것입니다.

또, 자기 머리 위로 넘어가는 볼을 처리할 때에 사용되는 경우가 많으므로, 몸을 구부리고 수비하는 자세에서 뒷걸음질하면서 점프하는 동작에 익숙해지도록 연습해야 합니다.

• 디플렉팅을 하는 방법.

▲ 크로스바 바로 아래로 볼이 날아왔다.

▲ 점프해도 손이 겨우 닿을 정도의 볼이다.

▲ 볼의 밑바닥을 손가락 끝으로 밀어 올린다. 이때의 타이밍이 디플렉팅의 포인트.

▲ 크로스바 위로 볼을 넘겨 위기에 벗어난다.

Part 11 골키퍼의 기술을 배우자

골키퍼의 스로잉(Throwing)은 공격의 제1보

골키퍼의 임무는 상대편의 슛이나 센터링을 막는 것만이 아닙니다. 자신이 잡은 볼을 자기편에게 패스해 주는 것도 중요한 일입니다.

골키퍼로부터의 패스는 '공격의 제1보'가 되는 패스이므로, 자기편이 받기 쉬운 볼로 패스해 줘야 합니다.

스로잉에는 세 가지 방법이 있습니다. 언더핸드 스로(Underhand Throw), 사이드핸드 스로, 그리고 오버핸드 스로(Overhand Throw)입니다.

언더핸드 스로는 볼을 굴려서 패스할 때에 사용합니다. 상대의 마크가 없는 자기편의 선수를 찾아서 그 선수의 발 앞으로, 또는 그 선수가 이동하는 쪽으로 볼링에서 볼을 던지는 식으로 스로잉합니다.

사이드핸드 스로는 어느 정도 떨어져 있는 자기편에게 빠른 패스를 해야 할 때 사용합니다. 한 손으로 어깨 높이에서 볼을 던집니다. 15~25m 정도의 패스에 적합합니다.

오버핸드 스로는 상당히 먼 곳에 있는 자기편 선수에게 패스할 때에 사용합니다. 한 손으로 볼을 잡고 육상 경기의 포환던지기와 같은 방식으로 던집니다.

▲ 사이드핸드 스로(좌)와 오버핸드 스로(우)

◀ 언더핸드 스로. 수비하는 선수가 없는 자기편 선수에게 볼을 굴려서 정확하게 패스할 때에 사용한다.

Part 11 골키퍼의 기술을 배우자

골키퍼의 킥 – 펀트 킥(Punt Kick)과 드롭 킥(Drop Kick)

골키퍼가 사용하는 킥 방법에는 두 가지가 있습니다. 하나는 펀트 킥 또 하나는 드롭 킥입니다.

펀트 킥이라는 것은 손에 잡은 볼을 가볍게 앞으로 던져 올려 그 볼이 땅에 떨어지기 전에 인스텝 킥으로 차는 것입니다. 볼이 공중에 떠 있는 동안에 차는 것을 발리 킥이라고 하는데, 골키퍼의 이 발리 킥을 펀트 킥이라고 합니다.

잉글랜드(영국)의 골키퍼는 전통적으로 드롭 킥보다도 펀트 킥을 사용하여 패스합니다.

드롭 킥도 손에 잡은 볼을 가볍게 앞으로 던져 차는데, 볼이 땅에 떨어져 튀어오르는 순간에 인스텝 킥으로 찹니다.

드롭 킥은 펀트 킥에 비하여 볼을 차는 타이밍이 어려운 킥인데, 곧장 뻗어가는 날카로운 볼로 패스하고 싶을 때에 사용합니다.

▲ 펀트 킥.　　　　　　　　　▲ 드롭 킥.

Part 11 골키퍼의 기술을 배우자

슛을 막는 연습을 해 보자

연습 ①

먼저, 처음에는 친구가 골문에서 10~15m 정도 떨어진 곳에서 정면으로 볼을 차게 합니다. 땅볼, 직선 볼, 높은 볼 등 여러 가지 높이의 볼을 차게 하여 그것을 정확히 캐칭한 후, 그 볼을 다시 땅볼로 친구에게 보냅니다.

다음에는 약간 옆으로 볼을 차게 하여, 몸을 재빨리 이동시켜 그 볼을 정면에서 캐칭합니다. 볼에 집중하여 무릎을 굽힌 채 낮은 자세로 사이드 스텝(옆걸음)으로 이동합니다.

이러한 연습에 익숙해지면 골문의 구석으로 슛을 하게 합니다. 몸을 옆으로 날려 세이빙으로 막는 연습을 합니다.

◀ 골문의 구석으로 슛을 하게 한다.

연습 ②

슛을 막는 연습과 마찬가지로 중요한 것은 골문 위로 올라간 볼이나 골 라인 근처로 날아오는 센터링을 막는 연습입니다.

연습할 때에는 먼저 골문 앞으로 높은 볼을 차게 하여, 될 수 있는 대로 높은 위치에서 캐칭합니다. 높은 볼을 찰 수 없는 경우에는 볼을 손으로 잡고 차올리게 합니다. 골문 정면에서 뿐만 아니라, 골문 옆에서도 볼을 차게 합니다.

높은 볼의 캐칭에서는 5, 6보 도움닫기를 하여 한쪽 발로 점프하는 것이 보통입니다. 높은 볼을 캐칭하는 연습을 여러 번 하면, 도움닫기와 점프의 타이밍을 파악할 수 있을 것입니다.

골 라인에 평행하게 볼이 날아오도록 차게 해서 그 볼을 캐칭하거나 펀칭하는 연습도 합시다.

크로스바 근처로 날아오는 볼은 디플렉팅을 사용합니다.

◀ 골문 앞으로 높은 볼을 차게 한다.

Soccer Photograph ⑪

● 내가 먼저!
파울이 될 듯한 플레이지만, 어떻게든 볼을 잡으려는 집념을 볼 수 있다.

■ 축구 상식 ⑪

한국 선수는 '붉은 악마'?

현재 PC통신 축구동호회 응원단 이름인 '붉은 악마'는 15년 전 외국의 언론이 우리 선수들에게 붙여준 것입니다. 1983년 세계청소년대회에서 4강까지 진출한 우리 선수들에 대한 놀라움을 그렇게 표현한 것입니다.

경기 규칙을 배워 보자

12

경기장의 크기와 각종 라인(Line)의 이름을 알자 / 158
골문과 볼의 규격을 알자 / 160
선수의 숫자와 복장 / 162
경기 시간과 킥오프(Kickoff) / 164
인 플레이(In Play), 아웃 오브 플레이(Out of Play)
그리고 골(Goal) / 166
오프 사이드(Off side)란? / 168
오프 사이드 반칙이 아닌 경우 / 170
난폭하거나 위험한 동작은 금지 / 172

• Soccer Photograph   • 축구 상식 / 176

경기장의 크기와 각종 라인(Line)의 이름을 알자

먼저, 경기장의 크기와 라인의 이름을 알아 봅시다. 그림에 표시한 숫자는 라인의 길이입니다. 경기장의 크기는 골 라인과 터치 라인의 길이에 따라 약간씩 달라지게 되므로 여러 가지 크기가 있을 수 있습니다.

그러나 경기장은 반드시 직사각형이어야 하며 터치 라인의 길이는 골 라인의 길이보다 길어야 합니다. 오른쪽 그림과 같이 국내 경기의 규격은 길이 90(최소)~120(최대)m, 폭 45(최소)~90(최대)m이고, 국제 경기의 규격은 길이 100(최소)~110(최대)m, 폭 64(최소)~75(최대)m입니다.

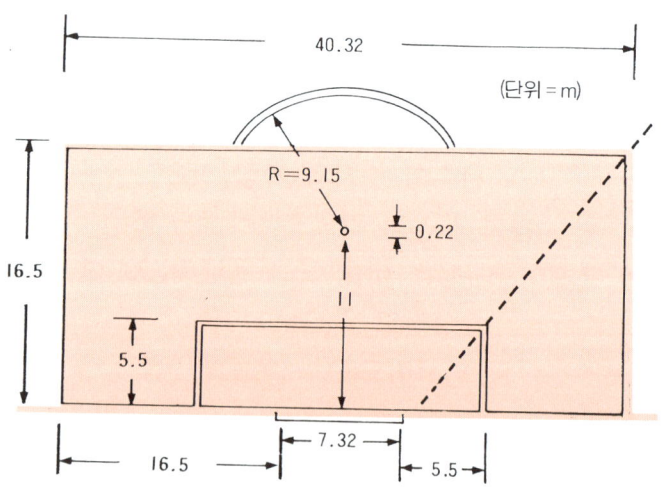

▲ 골 에어리어와 페널티 에어리어의 라인 길이와 폭

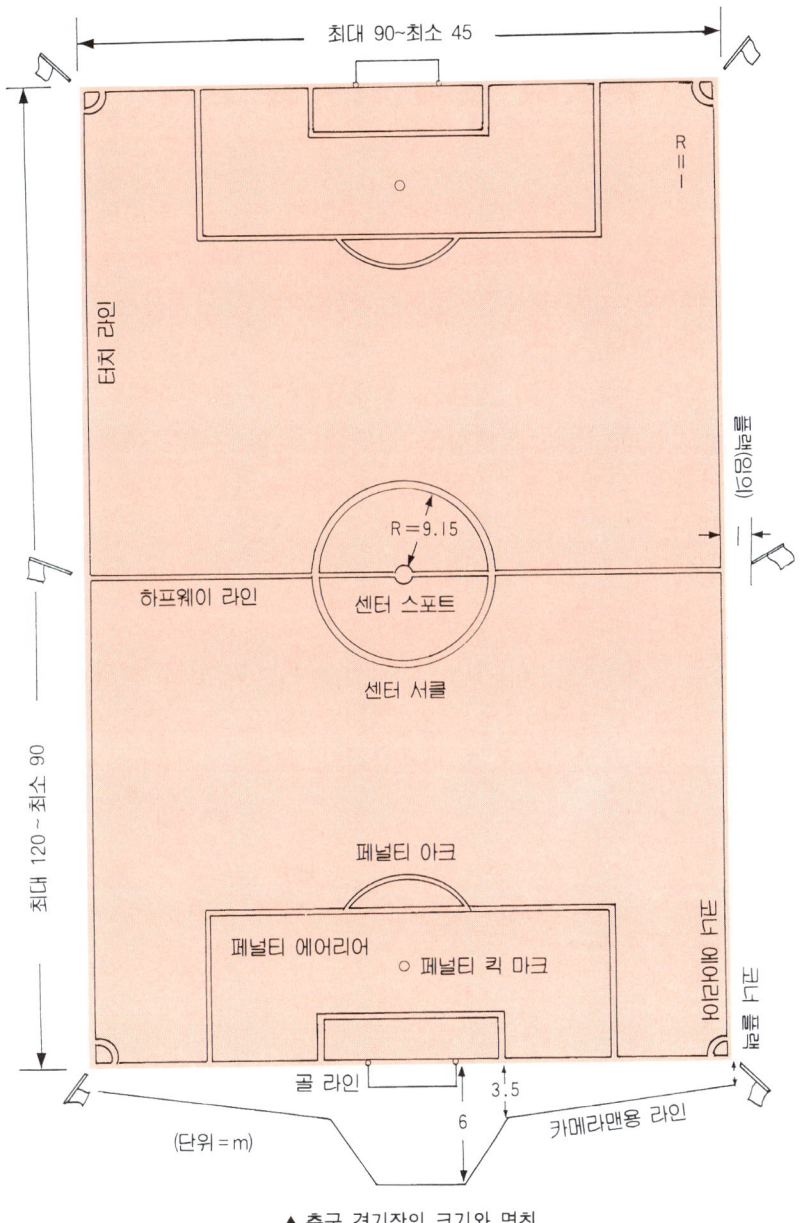

▲ 축구 경기장의 크기와 명칭

Part 12 경기 규칙을 배워 보자

골문과 볼의 규격을 알자

축구에서 골문의 위치는 골 라인 중앙에 있어야 합니다. 골문의 가로대를 크로스바, 세로대를 골포스트라고 합니다. 양쪽 골포스트의 간격은 7m 32cm입니다. 또 땅에서 크로스바의 안쪽까지의 높이는 2m 44cm입니다.

골포스트나 크로스바의 형태는 정사각형이나 직사각형 또는 원형의 것이 있는데, 어느 형태라도 상관없습니다. 다만, 폭과 두께는 12cm 이하로 정해져 있으므로, 그 이상의 굵기일 경우에는 인정되지 않습니다.

골문 뒤에 치는 그물은 마(麻)나 나일론으로 만든 것인데, 골키퍼가 플레이하기 쉽도록 여유있게 쳐야 합니다.

다음에는 볼에 대한 규정입니다. 먼저 볼의 크기인데, 바깥 둘레가 68cm~71cm의 크기(5호구)여야 합니다. 다만, 초등학생 대회에서는 62cm~65cm의 4호구를 사용합니다. 무게는 시합이 시작되기

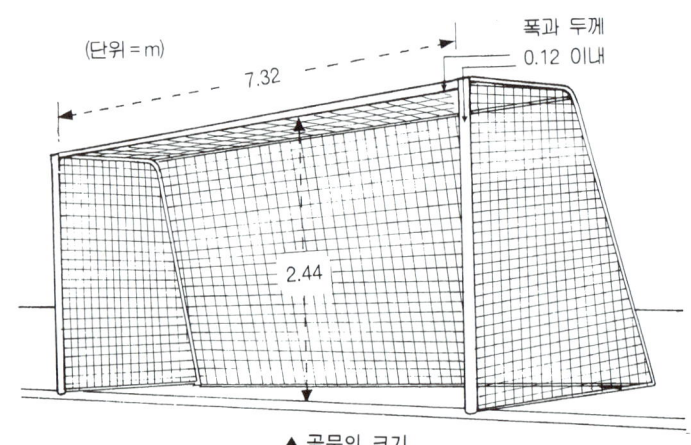

▲ 골문의 크기

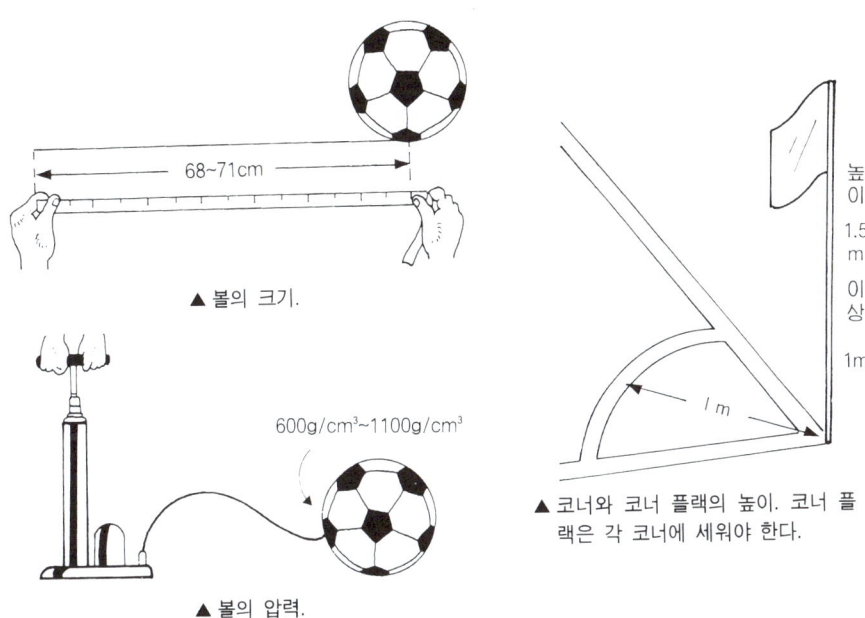

▲ 볼의 크기.

▲ 볼의 압력.

▲ 코너와 코너 플랙의 높이. 코너 플랙은 각 코너에 세워야 한다.

전의 시점에서 396g~453g, 초등학생 대회에서는 300g~395g의 것이 사용됩니다.

비가 오는 날의 시합에서는 경기 중에 볼이 젖어 이 규정보다 무거워지지만, 시합 전의 무게가 규정대로였다면 문제가 안 됩니다.

볼의 압력은 해면 높이에서의 공기압이 기준입니다. 경기에 사용될 수 있는 볼의 공기압은 0.6~1.1기압으로 정해져 있으나, 공기압을 재는 기구가 있으므로 간단히 압력을 조절할 수 있습니다.

Part 12 경기 규칙을 배워 보자

선수의 숫자와 복장

경기에 직접 참가하는 선수의 수는 1팀당 11명입니다. 그리고, 11명 중 한 사람은 반드시 골키퍼이어야 합니다.

또, 1팀의 최소 인원수는 각 대회 규정에 따라 결정되는데, 일반적으로 7인 미만이 되었을 때에는 그 시합은 무효가 됩니다.

선수의 교체는 국제 대회에서는 5명의 교체 선수 중에서 3명만 인정됩니다. 그러나, 국내 대회에서는 그 대회 규정에 따라 3명 이상도 교체할 수 있으므로, 대회의 규정을 잘 알아두어야 합니다.

또, 반칙으로 퇴장당한 선수 대신에 다른 선수를 출장시킬 수는 없습니다. 그러므로, 1명의 퇴장자가 나온 팀은 시합이 끝날 때까지

▲ 경기를 지켜보는 벤치의 모습.

▲ 1팀 11명 중, 반드시 골키퍼를 1명 두어야 한다.

10명으로 경기를 해야 합니다.
　선수의 복장에 대해서는 특별한 규정이 없습니다. 다만 시계, 펜던트, 벨트 등 다른 선수에게 부상을 줄 염려가 있는 것을 몸에 부착해서는 안 됩니다.

▶ 공식 시합에서 유니폼은 미리 등록한 것만을 착용한다.

Part 12 경기 규칙을 배워 보자

경기 시간과 킥오프(Kickoff)

경기 시간

성인의 시합은 전반 45분, 후반 45분, 합계 90분으로 하는 것이 일반적입니다. 국제 시합이나 국내의 각종 대회, 대학선수권, 대학리그 등은 대회 규정으로 경기 시간을 90분으로 정하고 있습니다.

중·고교생 대회는 전반 40분, 후반 40분, 합계 80분으로 정해져 있습니다.

초등학생 대회는 전반 15분, 후반 15분, 합계 30분으로 하는 경우와, 전반 20분, 후반 20분, 합계 40분으로 하는 경우가 있습니다.

전반과 후반 사이에는 15분간의 하프 타임(휴식 시간)이 있습니다.

시합 중에 누군가가 부상하여 그 치료를 위하여 쓰인 시간은 로스 타임으로서 그 시간만큼 시합 시간을 연장할 수 있습니다.

또, 시합 종료 직전이나 전반전 종료 직전에 페널티 킥을 차야 하는 경우에는 시합 종료 시간이 되어도 경기를 끝내지 않고 시간을 연장하여 페널티 킥을 찰 수 있도록 합니다.

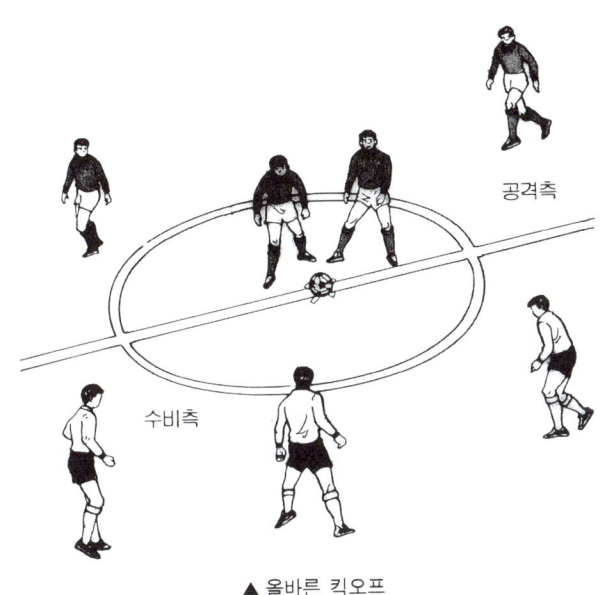

▲ 올바른 킥오프

킥오프

시합은 킥오프 마크에 놓은 볼을 상대 진영으로 굴리는 킥오프로 시작됩니다. 킥오프를 하는 팀도 상대 팀도 그때까지는 하프웨이 라인을 넘을 수가 없습니다.

또, 킥오프할 때는 볼을 반드시 앞으로 보내야지 뒤로 패스할 수 없습니다. 이것을 위반하면 다시 하게 합니다.

또한, 킥오프를 한 선수가 다른 선수가 볼을 터치하기 전에 다시 터치한 경우에는 반칙이 되어, 상대 팀에게 간접 프리 킥이 주어집니다.

또, 킥오프로 직접 슛을 날려 골인되어도 득점이 인정되지 않습니다.

Part 12 경기 규칙을 배워 보자

인 플레이(In Play), 아웃 오브 플레이(Out Of Play) 그리고 골

인 플레이와 아웃 오브 플레이

볼이 경기장 안에 있어 플레이가 계속되고 있는 상태를 인 플레이라고 합니다. 반대로 지상으로든 공중으로든 볼이 골 라인을 넘어 완전히 경기장 밖으로 나간 경우나, 주심(레퍼리)에 의하여 경기가 정지된 경우를 아웃 오브 플레이라고 합니다.

즉, 시합이 시작되어 끝날 때까지 아웃 오브 플레이 이외일 때에는 모두 인 플레이 상태인 것입니다.

볼이 골 라인 또는 터치 라인을 완전히 넘으면 아웃 오브 플레이이지만, 라인을 넘었는지 안 넘었는지의 판정은 약간 어려운 것입니다.

아래 그림과 같이 볼이 조금이라도 라인에 걸려 있으면 인 플레이이고, 볼이 완전히 라인 밖으로 나갔다면 그 볼이 휘어져 다시 라인 안으로 들어온 경우라도 아웃 오브 플레이입니다.

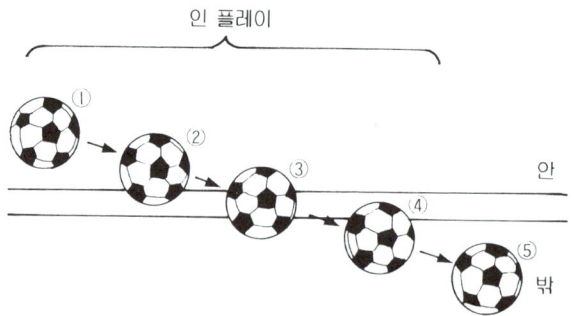

▲ ①은 인 플레이, ②③④도 라인에 걸려 있으므로 인 플레이. 다만, ⑤는 완전히 라인을 넘어 나갔으므로 아웃 오브 플레이.

◀ 골인의 순간!

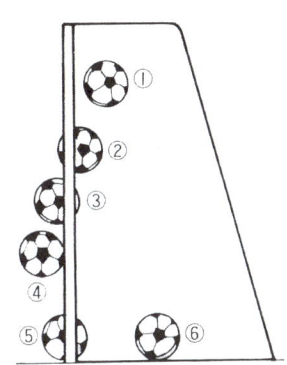

▲ ①과 ⑥은 볼이 골 라인을 완전히 넘었으므로 득점, ②③④⑤는 골 라인을 넘지 않고 걸려 있으므로 골이 아니다.

득점(골)

득점은 골포스트와 크로스바에 둘러싸인 골문 안쪽으로 볼이 골 라인을 완전히 넘었을 경우에 인정됩니다.

그러므로 위의 그림과 같이 골 바로 옆에서 봤을 때 볼이 ①과 ⑥ 일 때에는 득점이 되나, ②~⑤는 볼이 골 라인을 완전히 넘지 않았으므로 득점이 되지 않습니다.

또, 다음의 네 가지 경우에서는 볼이 골인이 되어도 득점이 되지 않습니다. 그것은 ⓐ 킥오프로 직접 골인이 되었을 때, ⓑ 골 킥으로 직접 골인이 되었을 때, ⓒ 스로인을 직접 골문으로 던져 넣었을 때, ⓓ 간접 프리 킥을 직접 골문으로 차 넣었을 때의 네 가지입니다.

Part 12 경기 규칙을 배워 보자

오프 사이드(Off Side)란?

어떤 상황일 때 오프 사이드가 되는가를 배우는 것은 그다지 어려운 일은 아닙니다.

먼저, 볼보다도 뒤쪽에 있을 때에는 절대로 오프 사이드가 되지 않습니다. 즉, 볼보다도 상대편 골문에 가까운 위치에 있는 선수만이 오프 사이드가 될 가능성이 있는 것입니다.

또, 자기편 진영에 있는 선수도 오프 사이드가 되는 일은 없습니다. 하프 라인보다 상대 골문에 가까운 지역의 상대편 진영 안에 있는 선수에게만 오프 사이드가 적용됩니다.

또한, 볼보다 앞쪽으로 상대 진영에 있는 선수라도, 그 선수와 상대편 골 라인 사이에 상대 선수가 2명 있는 경우에는 오프 사이드가

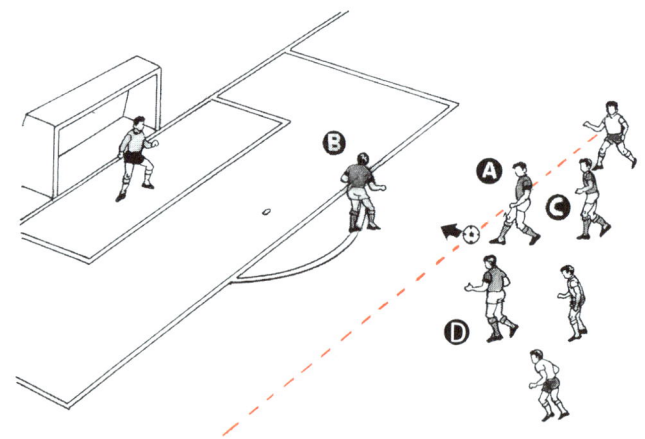

▲ Ⓑ는 볼보다 앞쪽에 상대방 진영에 있고, 더욱이 상대방 골 라인과의 사이에 상대방 선수가 골키퍼 한 명밖에 없으므로, Ⓐ로부터 패스를 받으면 오프 사이드가 된다. ⓒ Ⓓ는 볼보다 뒤쪽에 있으므로 오프 사이드가 되지 않는다.

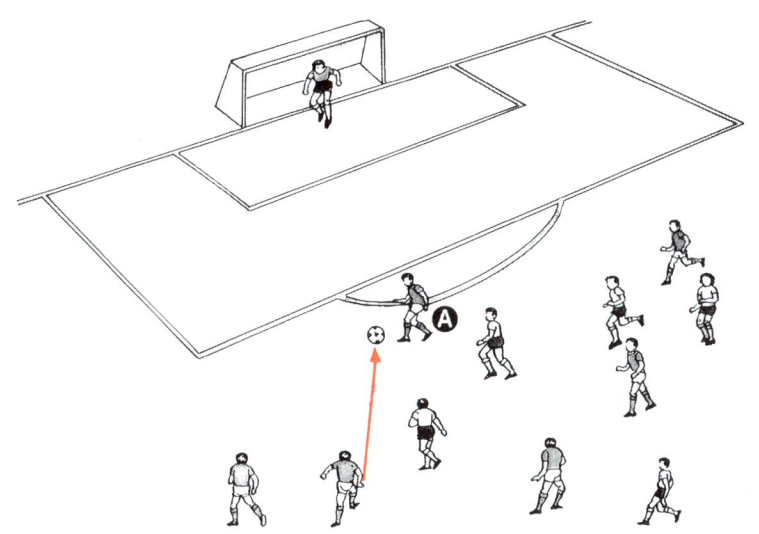

▲ 오프 사이드 위치에 있는 경기자인 ⒜에게 볼이 패스되었다. 이것이 오프 사이드이다.

되지 않습니다. 상대 팀 선수가 2명 이상이라고 하였으나, 대부분의 경우, 골키퍼가 골문 앞에 있으므로 가장 뒤에 있는 선수보다도 앞에 있으면 오프 사이드는 되지 않는다는 것입니다. 물론, 그 선수 뒤로 가서 볼을 받으면 오프 사이드가 됩니다.

다만, 오프 사이드냐 아니냐는 볼을 받았을 때의 위치가 아니라, 자기편 선수가 볼을 패스하였을 때의 위치로 결정됩니다. 그러므로, 자기편이 패스하였을 때에는 상대방 수비진 앞에 있다가, 패스가 나온 다음에 수비 뒤로 뛰어들어 가서 볼을 받는 경우에는 오프 사이드가 되지 않습니다.

Part 12 경기 규칙을 배워 보자

오프 사이드 반칙이 아닌 경우

다음의 네 가지 세트 플레이(정지하고 있는 볼을 차는 플레이) 상황에서 볼을 직접 받았을 때에는 오프 사이드의 위치에 있어도 오프 사이드가 되지 않습니다.

그것은 골 킥, 코너 킥, 스로인, 그리고 주심의 드롭 볼 등 네 가지 경우입니다. 드롭 볼이란, 주심이 반칙 이외의 이유로 시합을 중지시켰을 때에, 양팀 선수 사이에 볼을 던져, 볼이 땅에 닿는 순간에 인 플레이가 되는 시합 재개의 방법입니다.

또한, 상대 선수가 자기 팀 골키퍼에 백 패스한 볼을 가로채는 경우처럼 상대 선수가 플레이한 볼을 받은 경우도 오프 사이드가 되지 않습니다.

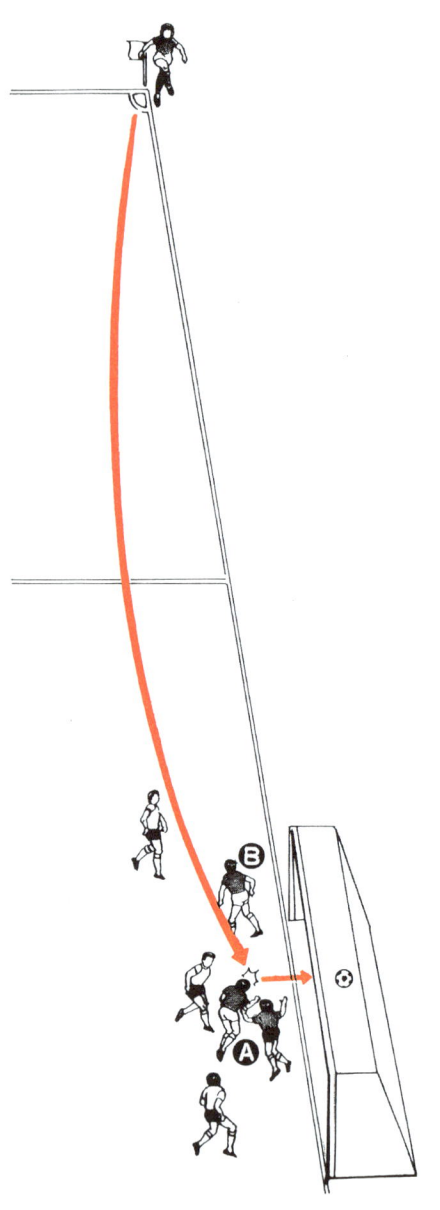

▲ 코너 킥에서는 Ⓐ Ⓑ 양 선수 모두 오프 사이드가 되지 않는다.

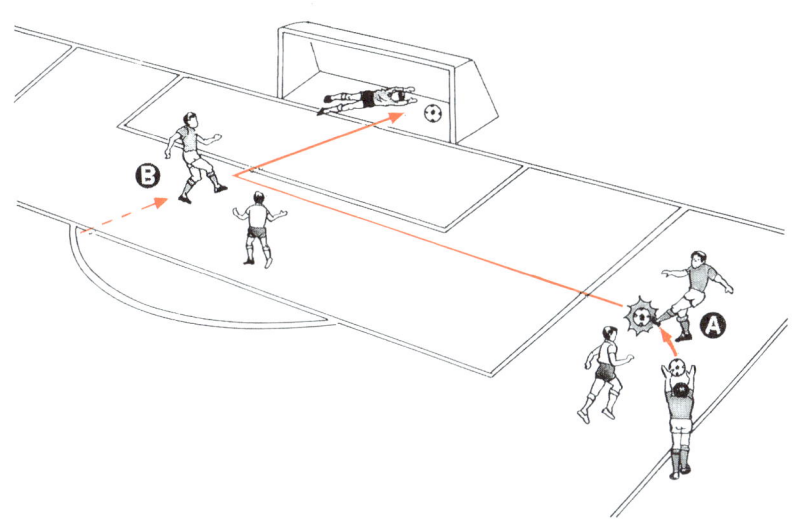

▲ 스로인할 때에는 비록 Ⓐ선수가 오프 사이드 위치에 있어도 오프 사이드가 되지 않는다. 달려 들어간 Ⓑ선수의 득점도 인정된다.

▲ 오프 사이드 위치에 있어도 골 킥한 볼을 직접 받은 경우 오프 사이드가 되지 않는다.

Part 12 경기 규칙을 배워 보자

난폭하거나 위험한 동작은 금지

직접 프리 킥을 주는 반칙

난폭한 플레이나 위험한 플레이, 그리고 축구 선수로서 바람직하지 못한 행동을 했을 경우에는 반칙이나 부정 행위로서 주심이 벌을 줍니다. 반칙에는 상대방 팀에 직접 프리 킥을 주는 것과 간접 프리 킥을 주는 것이 있습니다.

▲ 키킹

▲ 위험하고 난폭한 플레이와 적극적인 플레이는 전혀 다른 것이다!

▲ 파울 차지(Foul Charge).

▲ 점핑 애트(Jumping at).

▲ 트리핑(Tripping).

▲ 홀딩(Holding).

▲ 푸싱(Pushing).

▲ 백 차지(Back Charge).

▲ 볼을 사선 부분으로 다루면 핸들링.

▲ 핸들링(Handling).

▲ 스트라이킹(Striking).

Part 12 경기 규칙을 배워 보자

• 간접 프리 킥을 주는 반칙.

▲ 하이 킥(High Kick).

▲ 양발로 하는 위험한 태클.

▲ 볼을 플레이할 수 있는 범위 밖에서 상대의 진로를 막고 있다. 오브스트럭션(Obstruction)의 반칙이다.

▲ 볼을 갖고 있지 않은 골키퍼에 대한 숄더 차지.

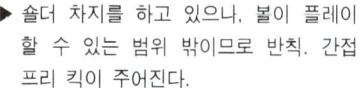

▶ 숄더 차지를 하고 있으나, 볼이 플레이할 수 있는 범위 밖이므로 반칙. 간접 프리 킥이 주어진다.

간접 프리 킥을 주는 반칙

반칙을 몇 번이나 반복하거나, 운동 선수답지 않게 심한 반칙을 하면, 그 선수는 경고(옐로 카드)를 받거나 퇴장(레드 카드)이 됩니다.

경고의 경우에는 주심이 노란 카드를 내보이고, 퇴장의 경우에는 빨간 카드를 내보이고 퇴장시킵니다.

한 선수가 두 번 경고를 받았을 때에는 퇴장시키고 퇴장된 선수 대신에 다른 선수를 출전시킬 수 없습니다.

▲ 반칙을 몇 번이나 되풀이하거나, 매우 위험한 반칙을 하면, 그 선수는 심판으로부터 경고나 퇴장을 당한다. 그때, 경고에는 노란색의 옐로 카드, 퇴장에는 빨간색의 레드 카드를 내보인다. 또 1991년 경기 규칙의 개정으로 명백한 골을 고의로 막는 핸들링은 즉시 퇴장을 명하도록 되었다.

Soccer Photograph ⑫

● 축구공이 아닙니다!
훈련용으로 만들어진 메디신 볼(Medicine Ball)로 체조를 하는 모습.

제13회 멕시코 월드 컵 한국 팀의 첫 골!!

■ 축구 상식 ⑫

월드 컵에서의 첫 골!

월드 컵에서 한국 팀의 첫 득점을 기록한 선수는 제13회 멕시코 대회 때인 1986년 6월 2일 아르헨티나와의 예선 경기에서 25m짜리 호쾌한 중거리 슛을 성공시킨 박창선 선수입니다.

월드 컵 본선에 연속 진출한 이후 한국 팀의 목표는 본선에서의 첫 승리와 16강 진출입니다.

포지션별 플레이를 배워보자

13

시스템(System)이란? / 178
윙(Wing)을 수비하는 사이드 백(Side Back) / 180
센터 포워드(Center Forward)를 수비하는 스토퍼(Stopper) / 182
수비의 중심인 스위퍼(Sweeper) / 184
대인 방어에 뛰어난 수비형 미드필더(Defensive Half) / 186
공격은 게임 메이커(Game Maker)로부터 시작된다 / 188
제2의 스트라이커-공격형 미드필더(Offensive Half) / 190
빠른 발과 능숙한 드리블-윙(Wing) / 192
득점을 결정 짓는 포워드(Forward) / 194
가장 중요한 팀워크(Teamwork) / 196

- **Soccer Photograph**   • 축구 상식 / 198

Part 13 포지션별 플레이를 배워 보자

시스템(System)이란?

축구에서의 시스템이란, 1팀 11명의 선수가 경기장에서 각기 어떤 위치를 맡느냐를 조직하는 것을 말합니다. 이 시스템은 고정적인 것은 아니고, 상황에 따라 변화하는 것입니다.

자기 팀 선수의 특징, 상대 팀 전력이나 선수의 특징, 경기장 상태나 기후 등에 따라서도 선택하는 시스템이 달라집니다.

현재 사용되고 있는 대표적인 시스템에는 4-3-3 시스템, 4-4-2 시스템, 3-5-2 시스템 등이 있는데, 이 숫자는 골키퍼를 제외한 10명 선수의 배치를 나타내고 있습니다.

예를 들면, 4-3-3 시스템이면 디펜스가 4명, 하프가 3명, 포워드가 3명이라는 것입니다. 이와같이, 시스템을 나타낼 때에는 후방의

▲ 가장 대표적인 시스템의 하나인 4-3-3 시스템.

위치부터 나타내는 것이 보통입니다.

4-3-3 시스템은 수비수 4명 중 하나가 후방에서 최종 수비역을 담당하는 스위퍼 시스템인 경우가 많으므로, 1-3-3-3 시스템이라고 부르는 것이 정확할지도 모릅니다. 3-5-2 시스템은 미드필드 부분을 강화하여 경기장 중반에서부터 상대를 압박하는 것으로 현재 가장 일반적인 시스템입니다.

현대 축구에서는 각 선수가 다양한 역할을 하는 경향이 강해서 위치에 구애받지 않고 플레이하는 경우가 많습니다. 따라서, 선수들의 플레이 범위가 매우 유동적으로 되어 가고 있습니다. 그러나, 각각의 포지션에는 본래의 역할이 있습니다.

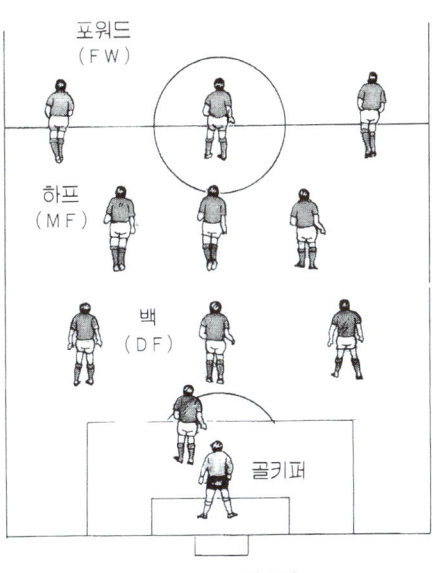
▲ 4-3-3 시스템

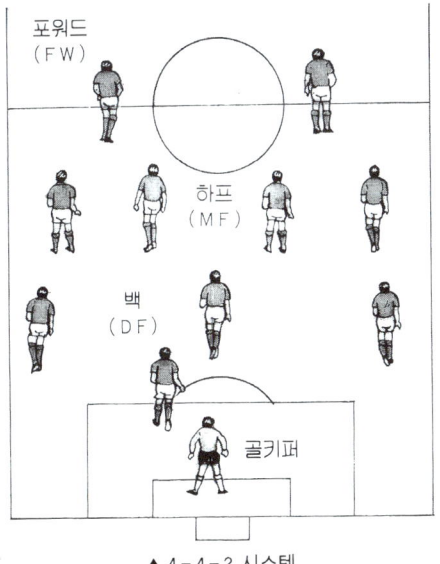
▲ 4-4-2 시스템

Part 13 포지션별 플레이를 배워 보자

윙(Wing)을 수비하는 사이드 백(Side Back)

4-3-3 시스템에서 4명의 수비수 중, 터치 라인 가까이에 위치하는 수비수를 사이드 백이라고 합니다.

사이드 백의 본래의 역할은 상대편 윙을 마크하는 것입니다. 윙에게 패스되는 볼을 인터셉트하거나, 윙의 드리블을 막아서 센터링이나 슛을 못 하도록 하는 것입니다.

또 윙의 마크뿐만 아니라, 자기편 수비를 커버하는 것도 중요한 역할입니다. 예를 들면, 센터 포워드를 마크하기 위하여 중앙에 있는

▲ 수비뿐만 아니라 공격에도 가담하는 사이드 백.

스토퍼나, 스토퍼의 후방에서 커버하는 스위퍼가 상대 팀 포워드에게 드리블로 돌파당한 경우에는 윙의 수비를 그만 두고 중앙으로 이동하여 수비를 해야 합니다. 이를 커버 플레이(Cover Play)라고 합니다. 현대 축구에서는 사이드 백이 수비뿐만 아니라 공격에도 가담합니다.

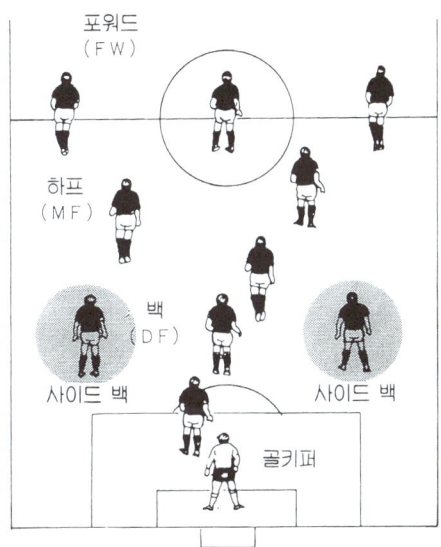

▲ 사이드 백의 위치

예를 들면 같은 사이드에 있는 윙이 볼을 가지고 있을 때에 그 윙의 자리로 들어가 패스를 받은 후 상대방 골문 앞으로 센터링을 올리거나 슛을 하기도 합니다. 이러한 플레이를 오버래핑(Overapping)이라고 합니다.

또한, 코너 킥을 할 때 골문 앞으로 달려들어 헤딩 슛을 하는 경우도 있습니다.

Part 13 포지션별 플레이를 배워 보자

센터 포워드(Center Forward)를 수비하는 스토퍼(Stopper)

4명의 수비수 중에서 중앙에서 상대편 센터 포워드를 수비하는 선수를 스토퍼라고 합니다.

스토퍼는 수비에 있어서 굉장히 중요한 역할을 하는 선수이기 때문에, 기술적으로나 체력적으로 뛰어난 능력을 가지고 있어야 합니다.

기술면에서는 헤딩을 잘해야 하고, 빼앗은 볼을 정확히 자기편 공격 선수들에게 연결 패스하는 능력이 있어야 합니다. 체력면에서는 강한 체력과 지구력을 가지고 있어야 하며, 스피드와 힘이 뛰어나야 합니다.

센터 포워드를 수비하는 스토퍼는 센터 포워드가 이동하는 곳을 어디든지 뒤쫓아가서 대인 방어를 하는 것이 보통입니다. 그러나, 남미에서는 중앙 수비수 2명이 스토퍼와 스위퍼의 역할을 교대로 하는 지역 방어를 채택하고 있습니다. 어느 수비 방식이 좋은지는 자기 팀 선수의 능력이나 특성에 따라 결정합니다.

공격에 있어서 스토퍼의 역할에는 기본적으로 두 가지가

▲ 스토퍼의 위치

▲ 상대 팀 센터 포워드가 이동하는 곳으로 어디든지 따라 간다.

있습니다. 하나는 자기편 선수가 공격을 하고 있을 때에 하프의 위치까지 올라가서 볼을 받아, 반대 사이드나 앞쪽으로 볼을 패스해 주는 링커(Linker) 역할입니다. 이것을 「연결」 플레이라고 합니다.

또 하나는 코너 킥이나 상대 페널티 에어리어 근방에서 프리 킥을 할 때, 공격에 가담하여 헤딩 슛을 하거나, 흘러 나온 볼을 자기편에게 연결 패스하거나, 바로 슛을 하는 세트 플레이시의 공격 가담 역할입니다.

Part 13 포지션별 플레이를 배워 보자

수비의 중심인 스위퍼(Sweeper)

사이드 백이나 스토퍼의 후방에서 수비의 중심으로서 수비 전역을 커버하는 선수를 스위퍼라고 합니다. 스위퍼란 '청소를 하는 사람'이라는 의미인데, 자기편 수비가 상대에게 돌파당하였을 때나 수비 뒤로 상대의 패스가 넘어왔을 때에 그것을 수비하는 임무를 맡아 자기편이 위험에 빠지지 않도록 하는 역할도 하기 때문에 그렇게 불리게 되었습니다.

그러므로, 스위퍼는 상대편 특정 선수를 정해서 수비하지 않고 광범위하게 플레이합니다.

스위퍼는 커버 플레이를 하는 것뿐만 아니라, 적극적으로 앞으로 나아가서 수비수의 앞으로 나가 상대를 저지할 때도 있습니다.

▲ 스위퍼의 위치

▲ 자기편의 위기를 해결하는 것이 스위퍼의 임무

 예를 들면, 자기편의 하프가 상대편 하프를 마크할 수 없을 때에는 하프의 위치까지 나아가서 상대 하프를 수비해야 합니다.
 스위퍼는 리베로라고 불리기도 합니다. 이것은 이탈리아어로 「자유로운 사람」이라는 의미입니다. 문자 그대로 경기장 안을 자유로이 이동하면서, 수비진 후방에서 수비 커버를 하는 것뿐만 아니라, 언제든지 공격에 가담한다는 의미를 포함하고 있습니다. 실제로 스위퍼의 공격 가담은 없어서는 안 될 중요한 전술입니다. 기회가 오면 50~60 m를 달려가서 슛을 날립니다.

Part 13 포지션별 플레이를 배워 보자

대인 방어에 뛰어난 수비형 미드필더(Defensive Half)

하프에 위치하는 3명의 선수 중, 가장 뒤의 위치에서 수비 역할을 하는 선수를 수비형 미드필더(Defensive Half)라고 합니다. 수비형 미드필더가 되기 위해서는 1대1의 수비에 뛰어날 뿐만 아니라, 정확한 패스나 롱 슛을 날리는 능력도 뛰어나야 합니다.

수비형 미드필더의 수비수로서의 역할은 대단히 중요합니다. 스위퍼와 함께 수비의 조직을 만드는 중심이 되기 때문입니다.

가장 중요한 임무는 상대편의 공격형 미드필더(Offensive Half)를 수비하는 것입니다. 공격형 미드필더는 제2의 스트라이커라고 불리며, 기술 수준도 높고 슈팅 능력도 뛰어납니다. 이러한 선수를 수비하여 득점을 허용하지 않는 것이 주요 임무입니다.

다른 임무는 수비진을 커버하는 일입니다. 현대 축구는 수비수가 공격에 가담하는 비중이 크기 때문에 그 수비수의 위치에 대신 들어가 상대 공격에 대비하여야 합니다.

수비형 미드필더의 공격에서의 역할은 패스를 연결해

▲ 수비형 미드필더

주는 것입니다. 수비수나 골키퍼로부터의 패스를 받을 수 있는 위치로 재빨리 이동하여, 게임 메이커나 포워드에 볼을 보냅니다. 또 때로는 전방으로 나아가 직접 슛이나 롱 슛을 날립니다.

▶ 수비형 미드필더의 임무 중에 하나는 패스의 연결 역할.

Part 13 포지션별 플레이를 배워 보자

공격은 게임 메이커(Game Maker)로부터 시작

　3명의 하프 선수 중 중앙에 위치하여 주로 공격을 조정하는 선수를 게임 메이커(Game Maker)라고 합니다. 링커, 링크맨이라고도 불리며, 팀 공격의 축으로서 움직임의 폭이 깊고 넓어야 합니다.

　게임 메이커에게는 뛰어난 패스 능력과 상황 판단의 정확성, 강력한 중거리 슛과 롱 슛을 날리는 힘이 필요합니다. 또, 팀 중에서 볼을 다루는 횟수가 가장 많으므로 다른 선수보다 강한 체력이 필요합니다.

　공격에 있어서는 경기장 중간에서 자유롭게 볼을 받을 수 있도록 적극적으로 움직여 자기편의 백이나 수비형 미드필더로부터 볼을 받습니다. 그리고 스스로의 판단에 따라 좌우로 볼을 전개하거나, 상대편 수비 뒤쪽을 찌르는 스루 패스를 합니다. 패스할 곳이 없을 경우에는 자신이 직접 드리블로 공격을 하여 슛을 날리는 것도 필요합니다.

　게임 메이커에게는 경기의 전체적인 흐름을 읽는 힘이 필요합니다. 짧은 패스와 긴 패스를 조합하거나, 공격의 방향을 좌에서 우로, 또는 우에서 좌로 옮겨 공격에 변화를 줌으로써 득점 기회를 만들어 내는 역할을 해야 합니다.

▲ 게임 메이커인 링크맨은 다른 선수들보다 많은 운동량이 필요하다.

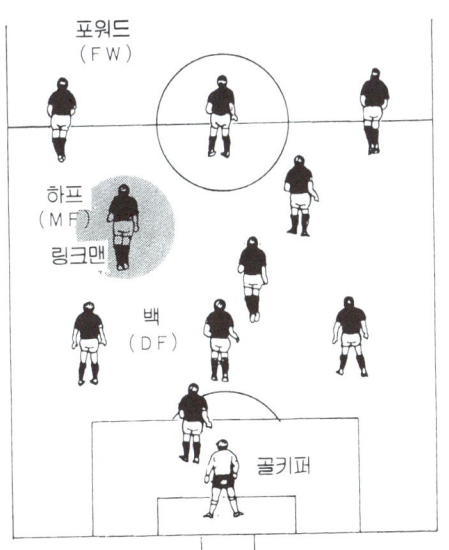

◀ 링크맨이라고도 불리는 하프의 위치.

제2의 스트라이커 - 공격형 미드필더(Offensive Half)

3명의 하프 중 맨 앞에 위치하여 포워드 선수와 같이 플레이하는 하프를 공격형 미드필더(Offensive Half)라고 합니다. 공격형 미드필더는 제2의 스트라이커라고도 불리는데, 센터 포워드와 협력하여 득점을 올리는 것이 주요 역할입니다.

하프이면서 윙의 앞쪽 공간으로 달려 들어가서 볼을 받거나, 센터 포워드가 물러나서 볼을 받았을 때에는 최전방으로 나가 포워드의 위치에서 플레이를 합니다.

현대 축구에서는 포워드 선수가 매우 심한 수비를 당하게 되어 좀처럼 득점을 할 수 없게 됩니다. 그 때문에 뒤쪽의 위치에서 골문 쪽으로 나아가는 공격형 미드필더의 득점 기회가 늘고 있습니다.

예를 들어, 포워드 선수가 페널티 에어리어 근처에서 활발한 움직임을 보이면 상대 수비는 그 선수를 적극 마크하기 위해 대인 방어를 펼치게 됩니다. 그때 생기는 빈 공간으로 공격형 미드필더가 달려들어가 득점 기회를 엿보는 전술이 자주 쓰입니다. 또한, 코너킥이나 프리 킥에서의 센터링을 포워드 선수가 잡는 척하다가 뒤로 흘리고 공격형 미드필더가 그 볼을 잡아 슛하는 전술도 있습니다.

공격형 미드필더는 대부분 10번의 등번호를 붙이게 되어 있고, 팀 공격의 리더가 됩니다. 따라서 수비에 관해서는 그다지 중요한 역할을 하지 않습니다.

▲ 공격형 미드필더. 뒤쪽 위치에서 골문 앞쪽으로 전진해서 득점을 노린다.

포워드
(FW)

하프
(MF)

공격형 하프

백
(DF)

골키퍼

◀ 공격형 미드필더의 위치.

Part 13 포지션별 플레이를 배워 보자

빠른 발과 능숙한 드리블 - 윙(Wing)

포워드 중에서 터치 라인 근방에 위치를 잡고 플레이하는 선수를 윙이라고 합니다.

득점을 하려고 할 때에 상대방 골문 정면에서만 공격을 해서는 좀처럼 성공할 수 없습니다. 오히려 바깥쪽에서 공격하면 득점이 되는 확률이 높습니다.

그러므로, 윙이 드리블로 터치 라인을 따라 공격해 들어가서 골문 앞으로 센터링을 올리는 것이 득점과 연결되기 쉽습니다.

윙은 발이 빠르고 드리블을 잘하는 선수가 적합합니다. 또, 당연한 것이지만 정확한 패스를 할 수 있는 선수여야 합니다. 윙의 역할은 센터링을 올리는 것만은 아닙니다. 반대쪽의 윙이 센터링을 올릴 때에는 골문 앞으로 대시하여 슛을 노립니다. 터치 라인에서 볼을 기다리고 있어서는 안 됩니다.

또, 드리블로 볼을 몰고 들어갈 때에는 바깥쪽으로 가는 것처럼 보이게 하고는 골문 정면으로 몰고 들어가서 직접 슛을 하는 것도 필요합니다.

수비의 측면에서도 윙의 역할은 중요합니다. 윙을 수비하는 사이드 백은 기회만

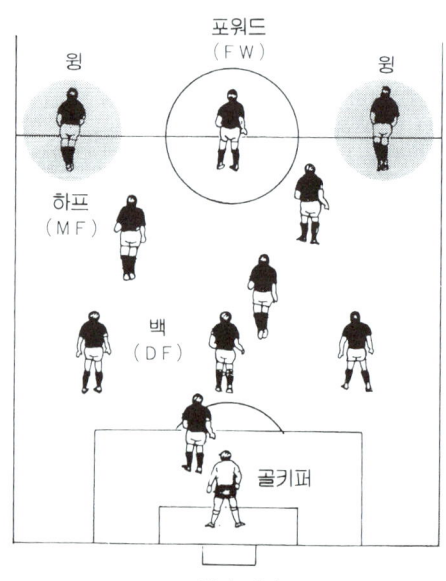

▲ 윙의 위치

▲ 기회를 봐서 직접 골을 넣을 수도 있다.

오면 공격에 가담하므로 거기에 대한 수비를 게을리해서는 안 됩니다.

전통적으로, 개인기를 중시하는 남미 축구가 현란한 기술을 바탕으로 한 중앙 돌파를 선호하는 반면, 조직력의 유럽 축구는 윙에 의한 좌우 사이드 돌파를 선호하는 경향이 있습니다.

Part 13 포지션별 플레이를 배워 보자

득점을 결정 짓는 포워드(Forward)

포워드의 중앙에서 플레이하는 선수를 센터 포워드라고 합니다.

센터 포워드는 스트라이커라든가 골 게터(Goal Getter)라고도 불리는데, 여기에는 골을 잘 넣는 사람 즉, 가장 득점 감각이 뛰어난 선수라는 의미가 있습니다.

이런 호칭이 나타내는 것처럼 센터 포워드는 무엇보다도 먼저 득점을 올리는 데 집중해야 합니다.

자신이 직접 드리블로 수비를 돌파하여 슛을 하거나, 골문을 등지고 볼을 받아서 되돌아서면서 하는 슛, 헤딩 슛, 그 밖에 코너 킥이나 프리 킥 같은 세트 플레이에서의 슛 등 어떠한 상황에서도 슛을 하는 것이 중요합니다.

센터 포워드는 항상 상대편 스토퍼의 견제를 받고, 심한 수비를 당하는 위치입니다. 그렇기 때문에 편하게 슛을 할 수 있는 기회는 좀처럼 없습니다. 수비를 당하면서도 슛을 날리는 것이 센터 포워드에게 있어서는 반드시 필요한 플레이입니다.

센터 포워드에게는 슛을 하는 것 외에도 중요한 임무가 있습니다. 그것은 후방에서 곧장 날아오는 패스를 받

▲ 센터 포워드의 위치

▲ 센터 포워드는 어떤 상황에서도 슛을 날릴 수 있어야 한다.

아서 볼을 빼앗기지 않고 자기편 선수들이 공격에 참가할 수 있도록 시간을 끌어 주는 것입니다.

따라서 뛰어난 볼 키핑(Keeping)력도 필요한 것입니다.

센터 포워드는 패스를 받기만 하는 것이 아니라 이처럼 공격의 기점이 되는 패스를 받아서 자기편 공격수에게 재치있게 패스해 주는 플레이도 할 줄 알아야 합니다.

마지막으로, 센터 포워드는 상대의 오프 사이드 트랩에 걸리는 경우가 많은데, 상대의 그런 함정 수비에 빠지지 않는 지능적인 플레이가 필요합니다.

Part 13 soccer 포지션별 플레이를 배워 보자

가장 중요한 팀워크(Teamwork)

강한 팀이 되기 위해 필요한 것들 중에서 가장 중요한 것은 팀워크입니다.

팀워크라는 것은 선수 상호간에 이어져 있는 정신적 연결이라고 생각하는 것이 이해가 빠를 것입니다. 즉, 동료끼리 서로를 생각해 주는 마음, 서로 돕는 것을 팀워크라고 합니다. 강한 팀이 되기 위해서는 서로 돕는 마음이 반드시 필요한 것임은 두 말할 필요가 없습니다.

팀이 보여 주는 힘과 역량은 선수들간의 정신적인 유대와 결합에서 생기는 경우가 많습니다.

강하면서도 바람직한 팀을 만들기 위해서는 주장과 같은 리더십을 가진 선수가 이러한 팀 분위기를 만드는 것이 중요합니다.

또, 팀워크라는 것은 각자의 위치에서 저마다 주어진 역할을 착실히 수행함으로써 생깁니다.

현대 축구에서는 포지션이 유동적이지만, 각 포지션에는 그 포지션 본래의 역할이 있고, 그 역할을 성실히 수행하는 것이 팀워크가 좋은 팀을 만드는 비결입니다.

▲ 동료에게 응석을 부리면 지고, 자기의 역할을 착실히 수행하면 이긴다.

Soccer Photograph ⑬

● 타이의 슈퍼맨

'82 로스엔젤레스 올림픽 예선전에서 한 관중이 슈퍼맨 복장으로 응원하고 있다.

■ 축구 상식 ⑬

월드 컵 최다 우승국은?

1930년 우루과이에서 개최된 1회 대회 이후 1994년 15회 미국 대회까지 우승을 차지한 적이 있는 국가는 6개국에 불과합니다.

현재까지 브라질이 통산 4회 우승을 차지하여 최다 우승국이며 독일과 이탈리아가 각각 3회 우승을 차지했습니다.

세트 플레이로 득점을 노리자

14

코너 킥(Corner Kick)의 네 가지 방법 / 200
프리 킥(Free Kick)에서의 여러 가지 전술 / 202
페널티 킥은 자신감을 가지고 찬다 / 204
스로인으로 득점 기회로 만들자 / 206

Part 14 세트 플레이로 득점을 노리자

코너 킥(Corner Kick)의 네 가지 방법

코너 킥의 방법은 자기 팀 선수의 특징, 대전 상대에 따른 작전 상황의 변화 등에 따라 여러 가지를 생각할 수 있습니다. 그러나 일반적으로는 다음의 네 가지 방법이 많이 사용되고 있습니다.

쇼트 코너 (Short Corner)

니어 포스트 코너 (Near Post Corner)

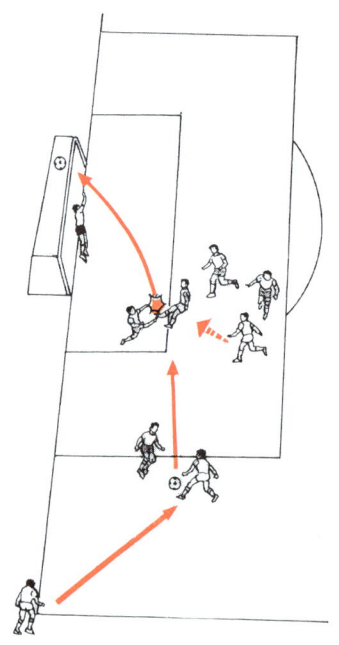

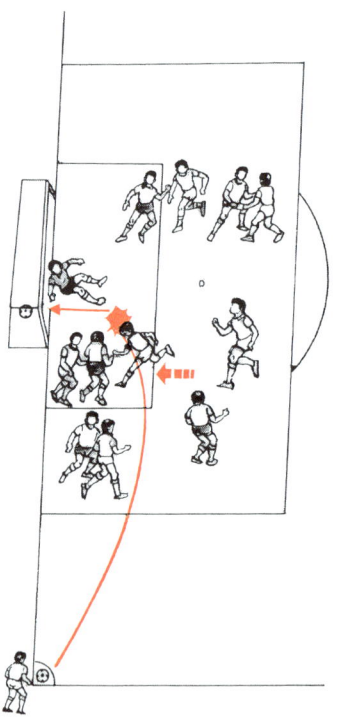

▲ 직접 골문을 위협하는 일은 없으나, 자기편에게 정확히 볼을 연결시켜 기회를 만들기에 적합한 코너 킥.

▲ 니어 포스트로의 정확한 코너 킥은 득점할 확률이 가장 높다. 자기편이 헤딩하기 쉽기 때문이다.

파 포스트 코너 (Par Post Corner)

▲ 공중전에 강한 팀 동료가 있으면 파 포스트 코너가 효과적인 공격이 된다.

미들 코너 (Middle Corner)

▲ 빠르고 강한 볼을 차자. 높고 느린 볼은 골키퍼가 간단히 잡아버린다.

Part 14 세트 플레이로 득점을 노리자

프리 킥(Free Kick)에서의 여러 가지 전술

프리 킥에는 직접 상대방 골문에 볼을 차 넣을 수 있는 직접 프리 킥과 한 번 다른 선수가 볼에 닿은 후에만 슛을 할 수 있는 간접 프리 킥이 있습니다.

직접 프리 킥은 페널티 에어리어 근처이면 프리 킥 전담 선수가 직접 슛을 노리지만, 약간 먼 위치에서의 직접 프리 킥은 볼을 옆으로 살짝 밀어 주어 다른 선수가 슛을 하도록 합니다. 또 여러 가지 트릭(속임수) 플레이를 사용하여 상대를 속이는 경우도 있습니다.

간접 프리 킥은 페널티 에어리어 안에서 하는 경우도 있으므로, 골문이 가까울 때에는 바로 옆에 있는 선수에게 볼을 밀어 주어 슛을 하게 하는 플레이가 많이 사용됩니다.

골문에서 먼 위치의 간접 프리 킥은 헤딩을 잘하는 선수에게 볼을 띄워 주어서 헤딩 슛을 하게 하거나, 그 선수가 자기편에게 헤딩으로 패스하여 다른 선수가 슛을 하게 합니다.

▶팀 플레이의 실력을 알 수 있는 프리 킥

▲ 직접 프리 킥은 직접 상대방 골문에 볼을 넣어도 득점. 볼을 바로 옆에 있는 자기편 선수에게 밀어 주어 벽을 피하여 슛을 하게 해도 좋다.

▲ 간접 프리 킥에서는 한 번 다른 선수가 볼에 닿지 않으면 득점이 되지 않는다. 자기편에게 볼을 밀어 주어 슛을 하게 한다. 심판은 키커가 찰 때까지 한 손을 들고 있다.

Part 14 세트 플레이로 득점을 노리자

페널티 킥은 자신감을 가지고 찬다

페널티 킥은 골키퍼와 1대 1인 상태에서 슛을 하므로 쉽게 득점할 수 있다고 생각하기 쉽습니다.

그러나, 실제로 시합에서 페널티 킥을 차 보면, 골을 넣기가 의외로 어렵다는 것을 알게 됩니다.

페널티 킥은 기술적인 것보다는 심리적인 이유 때문에 실패하는 경우가 많습니다.

페널티 킥은 가까운 거리에서 하는 킥이니만큼 정확히 차면 골키퍼가 막을 수 없습니다. 따라서 자신감을 가지고 자기가 정한 방향으로 끝까지 힘차게 슛을 하는 것이 중요합니다.

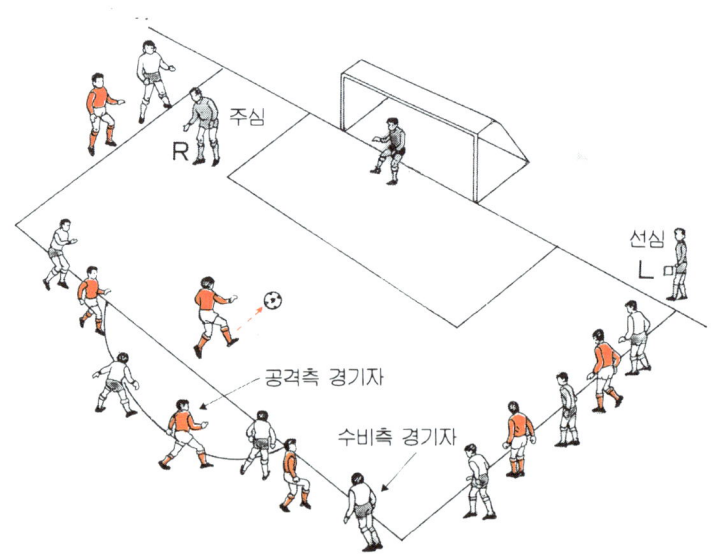

▲ 페널티 킥은 골문 정면에서 불과 11m의 거리에서 슛을 할 수 있는 득점 기회이다.

• 페널티 킥을 하는 방법.

▲ 볼에서 눈을 떼지 말고 정확히 슛을 하는 것에만 집중하자. 그리고, 페널티 킥을 찰 때에 키커가 극단적인 페인트를 사용하여 골키퍼를 속이려고 하는 것은 비신사적 행위로서 경고의 대상이 되므로 주의.

Part 14 세트 플레이로 득점을 노리자

스로인으로 득점 기회를 만들자

상대편의 골문 가까운 곳에서 스로인을 얻었을 때에는 롱 스로인으로 공격하는 것도 유력합니다.

자기편에 스로인으로 30m 정도 던질 수 있는 선수가 있으면 그 스로인은 코너 킥과 같은 정도의 위력을 발휘합니다.

코너 킥과 마찬가지로 롱 스로인을 할 때도 골문 근방에 양 팀 선수들이 밀집해 있기 때문에 혼전이 벌어지는 경우가 많고 따라서 득점 기회를 얻을 확률이 높기 때문입니다.

보통 롱 스로인을 할 때에는 니어 포스트 근방에 헤딩을 잘하는 선수를 세워 놓고, 그 선수를 향하여 스로인을 합니다. 그리고 그 선수가 헤딩으로 패스해 다른 선수가 슛을 하도록 하는 세트 플레이를 많이 합니다.

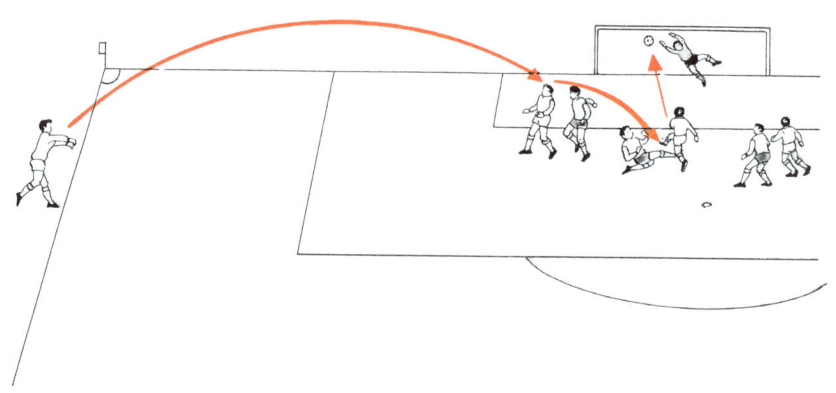

▲ 스로인을 니어 포스트 근방까지 던질 수 있으면 득점 기회는 더욱 많아진다.

▲ 30m 정도의 롱 스로인을 할 수 있으면 코너 킥과 같은 효과를 얻을 수 있다.

■역대 월드 컵 개최국과 우승국

회	연 도	개최국	참가국	우승국	성 적	준우승국
1	1930	우루과이	13	우루과이	5:4	아르헨티나
2	1934	이탈리아	16	이탈리아	2:1	체코
3	1938	프랑스	15	이탈리아	7:3	헝가리
4	1950	브라질	13	우루과이	2:1	브라질
5	1954	스위스	16	서독	3:2	헝가리
6	1958	스웨덴	16	브라질	5:2	스웨덴
7	1962	칠레	16	브라질	3:1	체코
8	1966	영국	16	영국	4:2	서독
9	1970	멕시코	16	브라질	4:1	이탈리아
10	1974	서독	16	서독	2:1	네덜란드
11	1978	아르헨티나	16	아르헨티나	3:1	네덜란드
12	1982	스페인	24	이탈리아	3:1	서독
13	1986	멕시코	24	아르헨티나	3:2	서독
14	1990	이탈리아	24	독일	1:0	아르헨티나
15	1994	미국	24	브라질	0:0(3:2)	이탈리아
16	1998	프랑스	32	?	?	?

부록

축구의 역사 / 210
경기 규칙 / 212
용어 해설 / 218

부록-축구의 역사

축구의 역사

●축구의 기원과 발달

공을 이용한 축구 형식의 운동은 기원전부터 시작되었다고 알려져 있다.

기원전 3세기 무렵 로마나 이집트 벽화에 발로 공을 차는 그림이 나타나 있으며, 중국에서도 주(周)나라 때 공을 차는 경기가 있었다고 전해진다.

축구는 기원전 7~6세기 무렵 고대 그리스에서 행해지던 에피스키로스(Episkyros)라는 볼을 차고 던지는 단순한 형식의 경기에서 유래되었다는 설이 있으며, 이 경기가 로마에 전해져 무사들의 훈련이나 군대 스포츠로 발전하다가 로마 인들이 영국을 침략하였을 때 하패스톤(Harpaston)이라는 경기로 영국에 전해졌다고 한다.

축구가 현재와 같은 형식을 갖추게 된 것은 1800년대이다. 당시의 풋볼은 통일된 경기 규칙 없이 무질서하게 행해지다가 1862년 J. C. 드링이라는 사람에 의해 처음으로 선수 인원을 10명으로 정하는 경기 규칙이 제안되었다. 그리하여 1863년에 각 지역의 풋볼 그룹 대표들이 런던에 모여서 축구 협회(Football Association)를 결성하고 6차례에 걸친 회의 끝에 통일된 규칙을 만들게 되었다. 이 규칙을 받아들인 팀들은 어소시에이션 풋볼(Association Football) 팀이라 불리었으며, 그 결과 협회가 인정하는 경기 규칙에 의한 축구가 생겨났다.

1904년 프랑스 파리에서는 7개국이 모여 국제 관리기구로 국제축구연맹(Fédération Internationale de Football Association : FIFA)을 탄생시켰다. 이로써 어느 나라에서나 단일화된 경기 규칙에 의하여 경기를 하게 되었고, 1908년 제4회 런던 올림픽 대회에서 처음으로 축구가 정식 종목에 채택되었다.

현재는 전세계 190개 국 이상의 거의 모든 국가가 국제축구연맹에 가입한 상태이며, 전세계적인 대회로 대표적인 것이 4년마다 개최되는 올림픽 대회에서의 축구 경기와 올림픽이 개최되는 중간 해에 열리는 세계 축구 선수권 대회(월드컵대회)가 있다.

● 한국 축구의 역사

우리 나라에서 현대 축구가 선을 보인 것은 1882년 6월경이라고 전해진다. 이 무렵 영국 군함이 인천항에 입항했는데, 승무원과 군인들이 인천에 상륙하여 볼을 차고 놀았다고 하며, 그들이 돌아갈 때 볼을 주고 간 것이 계기가 되었다고 한다. 한편, 궁중어전통역관(宮中御前通譯官)들은 거의 관립외국어학교 출신으로 외국을 다녀오는 기회가 더러 있었기 때문에 축구라는 경기를 다소나마 알고 있었다. 그래서 그들은 1896년에 우리나라 최초로 '대한 축구 구락부' 라는 팀을 창설하였는데, 이것이 우리 나라의 근대적인 축구 팀의 효시가 되었다.

1920년대 들어서 축구가 본궤도에 오르기 시작하여 1921년 2월 〈동아일보사〉와 〈매일신보사〉 후원으로 '제1회 전조선 축구대회'를 개최하였고 이것을 계기로 전국 체육대회가 열리게 되었다. 22년 7월 중국 상하이 거주 동포 축구단이 내한하여 처음으로 정식 경기 규칙을 적용시켜 경기를 함으로써 현대 축구로 발전하게 되었다. 광복 후 우리 나라는 47년 6월에 국제축구연맹에 가입하고, 48년 런던에서 개최되었던 제14회 올림픽 대회에 참가하여 처음으로 세계 무대에 진출하였다. 70년대 이후, 많은 국제 무대에서의 우승 또는 상위 성적을 올려 한국 축구의 위상을 확립하였고 1983년에는 프로 축구가 창설되어 축구 발전의 전환점을 맞이했으며 특히 1986년 월드컵 대회 이후 4회 연속 월드컵 본선 진출과 83년 멕시코에서 개최된 세계 청소년 축구 선수권 대회에서는 4강에 진출하는 등, 세계 무대에서의 상위권 진출의 가능성과 자신감을 보여 주기도 했다. 또한 2002년에 개최되는 제17회 월드컵 대회는 우리 나라와 일본이 공통 개최하게 됨으로써 국내에서는 축구에 대한 관심과 열기가 한층 높아지고 있다.

부록-경기 규칙

경기 규칙

◆ 경기장(The Field Of Play)

- 경기장은 중앙선(하프웨이 라인 : Half-way Line)으로 둘로 구분하며 중앙선 정중앙에 마크를 한다(센터 마크).
- 골 에어리어는 각 골포스트의 안쪽에서 코너 쪽으로 6야드(약 5.5m) 되는 곳에 골 라인과 직각이 되도록 경기장 안쪽으로 6야드 길이로 두 개의 선을 그어 그 끝을 골 라인과 평행하게 연결시켜 만든 지역을 말한다.
- 페널티 에어리어는 각 골포스트 안쪽에서 코너 쪽으로 18야드(약 16.5m)되는 곳에 골 라인과 직각이 되도록 경기장 안쪽으로 18야드 길이로 두 개의 선을 그어 그 끝을 골 라인과 평행하게 연결시켜 만든 지역을 말한다.
- 페널티 마크는 페널티 에어리어 안의 두 골포스트 중앙에서 12야드(약 11m)되는 지점이다.
- 플랙 포스트는 높이 5피트(약 1.5m) 이상의 끝이 날카롭지 않은 깃대에 깃발을 달아 각 코너에 설치한다. 중앙선 양 끝 터치 라인 밖 1야드(약 1m) 이상되는 지점에 깃대를 설치할 수 있다.
- 포스트 사이의 거리는 8야드(7.32m), 크로스바의 높이는 8피트(2.44m)이다
- 코너 킥을 할 때 확실하게 볼 수 있도록 코너 아크로부터 10야드(9.15m) 떨어진 골 라인에 직각이 되게 경기장 밖에 표시할 수 있다.

◆ 볼(The Ball)

- 볼은 둥근 모양으로 가죽이나 알맞은 재질로 만들며 둘레 27인치(68cm) 이상, 28인치(70cm) 이하여야 한다.
- 경기 시작시 무게는 14온스(410g) 이상 16온스(450g) 이하여야 하며, 공기 압력은 해면에서 0.6기압 이상, 1.1기압 이하여야 한다.

- 경기 중 볼에 결함이 발생하면 교체된 볼로 발생 지점에서 드롭 볼로 재개한다. 경기 중에 주심의 허락없이 볼을 바꿀 수 없다.

◆ 경기자의 수(The Number of Players)

- 경기에 참가하는 경기자는 11명(골키퍼 1명 포함)으로, 어느 한 팀이라도 경기자가 7명이 넘지 않으면 경기를 할 수 없다.
- FIFA, 각 대륙 연맹, 국가 협회 등에서 주관하는 공식 경기에서의 최대 교체 인원은 3명이며, 기타 경기에서는 참가 팀의 동의하에 경기 전 주심에게 통보되었을 때는 5명까지 교체할 수 있다.
- 교체 인원의 명단은 경기 시작 전에 반드시 주심에게 제출해야 하며 제출한 명단에 들어 있지 않은 선수는 경기에 참가할 수 없다.
- 경기자가 경기를 시작하기 전에 퇴장되었을 때는 다른 선수로 보충할 수 있다.

◆ 경기장의 장비(The Player's Equipment)

- 경기자는 자신이나 다른 경기장에게 위협을 주는 장비 또는 물건(보석류 등)을 착용하거나 사용할 수 없다.
- 경기의 기본 장비는 상·하의, 양말, 정강이 보호대, 신발로 하의의 경우 보온 바지를 착용할 경우 하의의 주색상과 같아야 하며 정강이 보호대는 양말로 완전히 덮어야 한다.
- 골키퍼는 골키퍼용 장갑을 착용할 수 있으며 다른 경기자나 주심 또는 부심의 옷과 구별되는 색의 옷을 입어야 한다.

◆ 주심과 부심(The Referee & Assistant Referee)

- 주심은 경기 규칙 시행과 관련된 모든 권위를 가지고 경기를 관리한다.
- 주심은 부심, 대기심과 적절히 협조하여 경기를 관리하며 볼의 확인, 경기자의 장비 확인을 직접한다.
- 주심은 경기의 기록과 계시원의 역할을 하며 경기 규칙 위반이나 어

부록-경기 규칙

떤 유형의 외부 방해를 이유로 경기의 중지, 일시 중단, 종료시킬 권한이 있다.
- 어드밴티지(Advantage)의 경우, 반칙이 발생하였더라도 반칙을 당한 팀에 유리한 상황에서는 경기를 계속하도록 하고, 만일 예상했던 이점이 실현되지 않았다면 처음의 반칙으로 처벌한다.
- 부심은 주심의 판정에 복종하고, 코너 킥, 골 킥, 스로인 시 볼의 소유권을 지적하며 오프 사이드 위치를 확인하여 지적하며 선수 교체 요청이 있을 때 주심에게 알린다.
- 한 경기에 부심은 2명이며, 주심이 인식하지 못한 불법 행위나 기타 사건이 발생했을 때 이를 주심에게 알린다.

◆ 경기 시간(The Duration of The Match)

- 경기 시간은 전·후반 각 45분씩이며, 주심과 참가 팀 상호 동의 하에서는 변경될 수 있다. 경기 시간의 변경에 대한 동의는 반드시 경기 개시 전에 그리고 대회 규정에 따라 승인되어야 한다.
- 경기자는 하프 타임 휴식 시간을 가질 권리가 있으며 이때 15분을 초과해서는 안 된다.
- 경기 중 선수 교체, 경기자의 부상 정도 확인, 부상 선수의 치료를 위한 후송, 시간 낭비(Wasting time), 기타 사유에 의해 허비된 시간은 주심의 재량에 의해 경기 시간에 참작된다.
- 전·후반 또는 연장전의 종료 직전에 선언된 페널티 킥은 그 킥이 행해지도록 시간을 연장한다.

◆ 오프 사이드(Off Side)

- 경기자가 상대편 골 라인에 볼과 최종의 두 번째 상대편보다 더 가까이 있을 때 오프 사이드 위치에 있는 것이다.
- 경기자가 자기 진영에 있을 때나 최종에서 두 번째 상대편과 동일 선상에 있을 때, 그리고 최종의 상대편 두 명과 동일 선상에 있을 때는 오프 사이드 위치가 아니다.
- 오프 사이드 위치에 있는 것만으로는 반칙이 아니며, 오프 사이드 위

치에 있는 경기자가 같은 팀 경기자에 의하여 볼이 터치되거나 플레이된 순간에 주심의 견해로 플레이에 간섭하거나, 상대편을 방해하거나 또는 그 위치에서 이득을 얻을 때 처벌한다.
- 골 킥, 스로인, 코너 킥의 상황에서는 오프 사이드 반칙이 적용되지 않는다.

◆ 반칙과 불법 행위(Fouls and Misconduct)

- 주심의 견해로 경기자가 조심성없이 무모하게 또는 과도한 힘을 사용하여 다음의 6가지 반칙을 범했을 경우 상대 팀에게 직접 프리 킥을 부여한다.
  - 상대를 차거나 차려고 했을 때
  - 상대를 걸었거나 걸어 넘어뜨리려고 했을 때
  - 상대에게 뛰어 덤벼들었을 때
  - 상대를 차지(Charges) 했을 때
  - 상대를 때리거나 때리려고 했을 때
  - 상대를 밀었을 때
- 다음의 4가지 반칙은 상대 팀에게 직접 프리 킥을 부여한다.
  - 태클 시에 볼에 닿기 전에 상대 신체에 먼저 접촉되는 경우
  - 상대를 잡았을 때
  - 상대에게 침을 뱉었을 때
  - 고의적으로 볼에 손을 댔을 때(자신의 페널티 에어리어 내에 있는 골키퍼 제외)
- 주심의 견해로 경기자가 다음 3가지 반칙을 범한 경우 상대 팀에 간접 프리 킥을 부여한다.
  - 위험한 태도로 플레이할 때
  - 상대의 진행을 방해할 때
  - 손으로 볼을 방출시키려는 골키퍼를 방해할 때
- 자신의 페널티 에어리어 내에 있는 골키퍼가 다음의 반칙을 범한 경우 상대 팀에게 간접 프리 킥을 부여한다.
  - 볼을 소유하여 컨트롤하고 있는 골키퍼가 볼을 다른 경기자에게 주기 전에 4보를 초과하여 움직였을 때

부록-경기 규칙

  - 팀 동료가 고의적으로 킥하여 준 볼을 손으로 터치한 경우
  - 팀 동료가 스로인한 볼을 직접 받은 후 볼을 터치한 경우
  - 경기 지연
- 다음의 반칙을 범한 경우 옐로 카드를 제시하여 경고 조치한다.
  - 반스포츠적 행위(Unsporting Behaviour)
  - 말 또는 행동으로 항의(Dissent)한 경우
  - 경기 재개를 지연시킨 경우
  - 프리 킥 또는 코너 킥으로 경기를 재개할 때 지정된 거리를 지키지 않을 경우
  - 주심의 허가없이 입장 또는 재입장한 경우
- 다음의 7가지 반칙을 범한 경우 레드 카드를 제시하여 퇴장 조치한다.
  - 심한 반칙 플레이(Serious Foul Play)
  - 난폭한 행위(Violent Conduct)
  - 상대 또는 다른 사람에게 침을 뱉은 경우
  - 고의적으로 볼을 핸들링하여 상대의 득점 또는 명백한 득점 기회를 저지시킨 경우(자신의 페널티 에어리어 내에 있는 골키퍼 제외)
  - 상대가 골을 향하여 움직이고 있을 때 프리 킥 또는 페널티 킥으로 처벌해야 할 반칙을 하여 명백한 득점 기회를 저지시킨 경우
  - 공격적, 모욕적 언어 또는 욕설을 한 경우
  - 한 경기에서 두 번째 경고를 받은 경우

◆ 프리 킥(Free Kicks)

- 프리 킥은 직접 프리 킥과 간접 프리 킥으로 구분하고, 두 가지 모두 킥이 이루어질 때까지 볼은 정지되어 있어야 하고, 상대편은 볼에서 최소한 9.15m 떨어진 곳에 위치하며 키커는 다른 경기자에 의해 터치될 때까지 볼을 재차 터치하지 못한다.
- 직접 프리 킥은 킥한 볼이 상대의 골에 직접 들어가도 득점이 된다.
- 간접 프리 킥은 주심이 한 팔을 머리 위까지 들어 올려 간접 프리 킥임을 지적한다. 킥한 볼을 다른 선수가 터치하거나 아웃 오브 플레이 될 때까지 팔을 들고 있어야 한다.

◆ 페널티 킥(The Penalty Kicks)

- 볼이 인 플레이일 때 자기측 페널티 에어리어 내에서 직접 프리 킥에 해당되는 반칙을 범하였을 때는 상대 팀에게 페널티 킥으로 판정한다. 페널티 킥에서 직접 득점이 인정된다.
- 키커 이외의 다른 선수들의 위치는 경기장 내 페널티 에어리어 밖에 페널티 마크 뒤쪽으로 최소한 9.15m(10야드) 떨어진 곳에 있어야 한다.

◆ 스로인(The Throw-In)

- 스로인은 플레이를 재개하는 방법으로 직접 득점은 인정되지 않는다.
- 지면 또는 공중으로 볼 전체가 터치 라인을 넘어갔을 때, 터치 라인을 넘어간 지점에서 마지막으로 터치된 경기자의 상대 팀이 한다.
- 스로인을 하는 경기자는 경기장을 향해 발이 터치 라인 뒤 또는 터치 라인 밖의 지면에 위치한 상태에서 두 손을 이용하여 머리 뒤에서 넘겨 볼을 던진다.

◆ 골 킥(The Goal Kick)

- 골 킥은 플레이를 재개하는 방법이다.
- 골 킥은 공격 팀이 마지막으로 터치한 볼이 득점 상황이 아닌 경우로 지상이나 공중으로 골 라인을 완전히 넘어갔을 때이다.

◆ 코너 킥(The Corner Kick)

- 코너 킥은 플레이를 재개하는 방법이며, 코너 킥에서 직접 득점이 인정된다.
- 코너 킥은 수비 팀이 마지막으로 터치한 볼이 득점 상황이 아닌 경우로 지면이나 공중으로 골 라인을 완전히 넘어갔을 때이다.
- 인 플레이될 때까지 상대편은 볼에서 9.15m(10야드) 떨어진 곳에 위치한다.

부록-용어 해설

용어 해설

〈ㄱ〉

간접 프리 킥(Indirect Free Kick) 어느 한 팀이 반칙을 범했을 때 그 상대 팀에게 주는 프리 킥의 일종이며, 차는 사람 이외에 다른 경기자에게 볼이 터치되지 않으면 골인 되어도 득점으로 인정되지 않는다.

게임 메이커(Game Maker) 게임의 공수·작전에서 중심적 활동을 하는 경기자로, 실전에서 코치의 역할을 담당하는 재치있고, 능력있으며, 경험이 풍부한 공격형 하프가 게임 메이커가 된다.

골 게터(Goal Getter) 득점 능력이 우수한 플레이어. 득점한 경기자.

골 키핑(Goal Keeping) 골키퍼가 골을 수비하는 기술.

골 킥(Goal Kick) 볼이 골에 들어가지 않고 골 라인 밖으로 나갔을 경우 볼에 마지막으로 접촉한 자가 공격측이라면 수비측의 골 킥이 된다.

〈ㄴ〉

노 마크 슛(No Mark Shoot) 상대 팀의 방해를 전혀 받지 않고 하는 슛.

니 킥(Knee Kick) 볼을 무릎으로 받아 넘기는 킥.

〈ㄷ〉

다이렉트 패스(Direct Pass) 볼을 정지시키지 않고 한 번의 터치로 연결하는 패스.

다이빙 헤딩(Diving Heading) 낮은 볼의 헤딩에 적합한 것으로 뛰어들면서 앞으로 엎어지듯 하는 헤딩.

대시(Dash) 짧은 거리에서 속력을 내어 달리는 동작.

드롭 킥(Drop Kick) 골키퍼가 차는 킥으로, 볼을 땅에 떨어뜨려 볼이 튀어오르는 순간을 이용하여 차내는 킥 방법.

〈ㄹ〉

러닝 점프 헤딩(Running Jump Heading) 날아오는 볼을 뛰어가서 점프, 헤딩하는 기술.

러닝 패스(Running Pass) 달리면서 패스하는 것으로, 뛰고 있는 자기편의 속도와 방향에 맞추어서 패스하는 것이 중요하다.
로빙 볼(Lobbing Ball) 느리고 큰 호(弧)를 그리면서 나는 볼을 말하며, 흔히 공격할 때 상대 진영으로 띄우거나 상대 팀의 수비 라인 뒤로 패스를 보낼 때 사용된다.
로스 타임(Loss Time) 게임 도중 사고나 선수의 부상 등으로 인하여 허비되는 시간을 말하며, 주심의 판단에 따라 그 시간만큼 경기 시간을 연장할 수 있다.
리턴 패스(Return Pass) 우군으로부터 받은 패스를 다시 그 선수에게 되돌려주는 패스.

〈ㅁ〉

맨 투 맨(Man To Man) 수비측의 한 선수가 공격측의 한 선수를 전담 수비하는 전법으로 수비의 기본 전술이다.
메디신 볼(Medicine Ball) 트레이닝을 위하여 만든 것으로 표준 볼보다 약간 무겁다.

〈ㅂ〉

발리 킥(Volley Kick) 날아오는 볼을 땅에 떨어지기 전에 차는 방법으로 볼의 속도를 이용하는 킥.
백 업(Back Up) 볼을 가지고 있는 자기편을 지원하기 위하여 그 뒤쪽이나 주변에 위치하는 일. 또는 자기편이 뚫릴 때를 대비해서 후방에 위치하는 일.
백 차지(Back Charge) 상대방의 뒤에서 상체를 부딪치는 행위로 직접 프리 킥의 반칙이 주어진다.
볼 리프팅(Ball Lifting) 발·이마·어깨 등으로 볼을 퉁기는 일을 계속하는 것으로 올바른 자세가 만들어지며, 또한 워밍 업도 된다.
볼 키핑(Ball Keeping) 볼을 자신의 컨트롤 아래 두는 것.
블로킹(Bolcking) 상대 선수를 방해하는 일.

〈ㅅ〉

삼각 패스(Triangle Pass) 공격 시에 많이 이용되는 패스의 기본형이다.

부록-용어 해설

마크하는 상대를 돌파하기 위해 한 차례 자기편에게 넘겨준 다음 상대방 방어진을 뚫은 후 다시 패스를 받는다.

서든 데스(Sudden Death) 연장전 가운데 어느 팀이든지 골을 추가시키면 그 즉시 경기를 끝내는 경기 제도(요즘은 국제 경기에서 이 제도를 거의 적용하고 있는 추세이다). 우리 나라에서는 골든 볼이라는 명칭을 사용한다.

세이빙(Saving) 골키퍼가 상대편에게 득점을 주지 않기 위한 기술의 하나로 몸을 던져 볼을 막아내는 것.

숄더 차지(Shoulder Charge) 어깨로 상대방의 어깨를 밀면서 몸의 균형을 잃게 하는 방법으로 어깨를 정확히 쓰면 반칙이 되지 않는다.

스루 패스(Through Pass) 상대팀 선수들 사이를 뚫고 하는 패스로 상대팀의 방어진을 꿰뚫는 패스의 일종.

스위퍼(Sweeper) 수비진의 최후방을 전문적으로 지키는 선수로 가장 위험한 곳을 커버하는 일을 맡은 풀 백. 볼을 청소한다는 뜻에서 붙여진 이름이다. 4·2·4 전법에서 발달했다.

스토퍼(Stopper) 상대방의 중심 선수(주로 센터 포워드)를 철저히 마크해서 상대방이 시도하는 공격을 처음부터 좌절시키는 역할을 맡은 선수.

스토핑(Stopping) 볼을 멈추는 기술뿐 아니라 다음 동작으로 옮겨 가기 위해 볼을 다루는 기술.

시스템(System) 골키퍼를 제외한 10명 선수의 포진과 움직이는 방법에 대한 기본 개념. 4·3·3 시스템, 4·2·4 시스템, 3·5·2 시스템 등이 있다.

시저스 패스(Scissors Pass) 가위와 같은 모양으로 움직이는 패스법으로 실전에서 많이 이용된다.

〈ㅇ〉

아웃 오브 플레이(Out Of Play) 볼이 터치 라인을 완전히 넘었을 경우나 주심이 경기의 중지를 명했을 경우 등 경기가 일시적으로 중단된 상태.

어드밴티지 룰(Advantage Rule) 경기의 진행 상태가 반칙을 범한 팀에 불리하게 되었다고 판단될 때에 주심은 그 반칙이나 위반을 벌하기 위해 경기를 중단하지 않고 그대로 경기를 속행하는 규칙. 경기 전체의 진행 상황을 잘 보고 정확한 판단이 필요한 룰이다.

오버헤드 킥(Over Head Kick) 상반신을 뒤로 젖히면서 자기의 머리 너머로 볼을 뒤로 차 보내는 방법.

오브스트럭션(Obstruction) 볼과 상관없이 상대에게 방해만을 하는 것으로 간접 프리 킥이 주어진다.

오프 사이드(Off Side) 상대방의 엔드 안에 들어가 있는 선수와 상대방 골라인 중간에 수비측 선수가 없거나 한 사람밖에 없을 때 그 선수는 오프 사이드 위치에 있게 된다.

오프 사이드 트랩(Off Side Trap) 고의로 상대방을 오프 사이드 되게 하기 위하여 쓰이는 전법으로 매우 지능적인 플레이이다. 잘못 사용하면 자기편에 절대적인 위기가 된다.

워밍 업(Warming Up) 휴식의 타성을 이겨내기 위한 준비 운동이다.

윙 전법(Wing 戰法) 터치 라인을 따라 드리블로 볼을 운반하여 골 라인 부근에서 센터링을 하는 전법.

인사이드 스톱(Inside Stop) 발의 안쪽 넓은 부분으로 볼을 받아 멈추는 기술.

인스텝 스톱(Instep Stop) 발등으로 볼을 받아 멈추는 기술. 숙달하기까지는 많은 연습이 필요하다.

인터셉트(Intercept) 상대 팀의 패스 코스를 간파하여 중간에서 볼을 가로채는 것.

〈ㅈ〉

점프 발리 킥(Jump Volley Kick) 옆으로 오는 높은 볼을 점프하여 몸을 옆으로 넘어뜨리면서 차는 킥으로, 긴급할 때 사용하면 큰 위력을 나타낸다.

존 디펜스(Zone Defense) 특정한 상대를 정해서 마크하는 것이 아니라 각자가 수비해야 할 지역을 미리 정해 놓고 방어하는 방법. 지역 방어라고 한다.

지그재그 패스(Zigzag Pass) 패스 연습의 기본적인 방법이며 지그재그형으로 패스해 간다.

부록 – 용어 해설

〈ㅊ〉

차지(Charge) 상대방의 어깨를 자기 어깨로 밀어서 상대의 자세를 무너뜨리는 방법으로 볼이 플레이될 수 있는 범위 내에서만 허용된다.

찬스 메이커(Chance Maker) 적절한 판단으로 효과적인 패스를 하거나 득점으로 연결되는 패스를 보내는 선수를 말한다.

칩 킥(Chip Kick) 볼 밑을 비스듬히 깎듯이 차는 킥. 볼이 역회전하면서 낙하하므로 키커 앞으로 되굴러오는 것 같은 느낌을 준다.

〈ㅋ〉

캐링(Carrying) 골키퍼가 볼을 가지고 5걸음 이상 걷는 것으로 이 경우 상대 팀에게 간접 프리 킥이 주어진다.

캐칭(Catching) 골키퍼가 상대편이 슛한 볼을 두 손으로 잡는 기술.

커버링(Covering) 자기편 수비진이 돌파됐을 경우나 또는 공격에 참가해서 자기편 선수를 지원할 경우 후방에서 동료 경기자를 도와주는 것.

크로스 패스(Cross Pass) 공격을 좌우로 바꾸어 변화를 가져오게 하고 상대 수비가 허술한 방향으로 공격할 수 있게 하는 패스.

클리어링(Clearing) 수비측의 경기자가 골 앞의 위험 구역에서 볼을 크게 차내어 상대 팀의 공격을 지연시키거나 막아내는 것을 말한다.

킥오프(Kick Off) 시합 개시, 후반전 개시, 득점 후의 시합 재개 때 볼을 그라운드 중앙에 놓고 경기를 시작하는 것. 이때 상대편은 센터 서클 안에 들어오지 못한다.

〈ㅌ〉

태클(Tackle) 상대가 가지고 있는 볼을 빼앗기 위하여 직접 뛰어드는 기술.

토 킥(Toe Kick) 발끝으로 차는 킥으로 강하게 찰 수는 있으나, 볼이 닿는 면적이 좁아서 부정확하며 실전에서는 많이 쓰이지 않는다.

트래핑(Trapping) 스토핑의 응용 동작으로 상대방을 속이거나 공격을 피하는 방법.

트리핑(Tripping) 상대방의 발을 걸어 넘어뜨리거나 상대의 앞이나 뒤에서 몸을 움추려 상대를 넘어뜨리거나 넘어뜨리려 할 때의 반칙 행위로 직접 프리 킥의 벌칙을 받는다.

〈ㅍ〉

펀트 킥(Punt Kick) 골키퍼가 사용하는 킥으로 잡았던 볼을 땅에 떨어지기 전에 차는 킥의 방법.

펀칭(Punching) 골키퍼가 페널티 에어리어 안에서 골을 향해 날아오는 볼을 잡기 어려울 경우 볼을 주먹으로 쳐내는 것.

페인트(Feint) 상대 팀 선수의 판단을 잘못하게 하려는 속임수의 동작이며, 킥하는 동작을 취했다가 드리블하는 경우 등 여러 가지 방법이 있다.

포메이션(Formation) 공격이나 수비에 대한 팀 특유의 대형이나 움직임.

포스트 플레이(Post Play) 상대 골문 근방에서 자기편으로부터 패스를 받아 멈추지 않고 그대로 슈팅을 하거나 머리로 헤딩, 득점을 올리는 것이다.

포지션(Position) 각 선수들이 맡은 역할에 따라 각기 차지하는 위치.

포지션 체인지(Position Change) 시합 중에 선수가 위치를 서로 바꾸는 일로 상대 팀 선수의 마크를 교란시키는 효과가 있다.

폴로 업(Follow Up) 볼을 가지고 있는 자기편 선수의 후방이나 가까이에 위치하여 지원하는 일.

플레이스 킥(Place Kick) 킥오프 등 정지해 있는 볼을 차는 일.

피드(Feed) 볼을 공급한다는 뜻으로, 특히 전방에 있는 자기편에게 좋은 패스를 보내는 것을 말한다.

FIFA 세계축구연맹. Fédération Internationale de Football Association의 약칭으로 스위스에 본부가 있다.

〈ㅎ〉

하프 발리 킥(Half Volley Kick) 볼이 그라운드에 떨어져 바운드하는 순간을 잡아서 차는 킥의 방법.

해트 트릭(Hat Trick) 한 경기에서 한 선수가 3점을 득점하는 것을 말한다.

힐 킥(Heel Kick) 발뒤꿈치로 받아 뒤로 넘기거나 또는 머리 너머로 패스하는 킥 방법이다.

파이팅 기초 축구 마스터

편저자·加藤 久
　　　　스포츠서적편집실
발행자·남　용
발행소·일신서적출판사
주　소·121-110 서울 마포구 신수동 177-3
등　록·1969.9.12. No.10-17
전　화·703-3006~8　　FAX·703-3008

ⓒ ILSIN PUBLISHING Co. 1988.

값 10,000원